GUÍA PRÁCTICA DE CONVERSACIÓN

Español - Italiano

EDITORIAL
arguval

Portada e ilustraciones:
Luis Ojeda

© **Editorial ARGUVAL**
C/ María Malibrán, 16
29590 Málaga
I.S.B.N.: 978-84-89672-26-0
D.L.: MA-299-2018

Impreso en España - Printed in Spain
Imprime Imagraf

ÍNDICE

Continuando con la Colección de Guías de Conversación que iniciamos con las de Inglés-Español y Español-Inglés y proseguimos con las de Alemán-Español y Español-Alemán; Español-Francés y Francés-Español; y Ruso-Español y Español-Ruso, aparecen ahora las de Español-Italiano e Italiano-Español.

Seguirán en breve las de Español-Portugués, Portugués-Español y Árabe-Español, Español-Árabe.

La única pretensión de la Editorial es que realmente sean una guía práctica y de ayuda efectiva, sin plantearse nunca estudios profundos que quedarían para otras colecciones y otras intenciones editoriales. No ha sido nuestro objetivo hacer un tratado de lingüística de los diferentes idiomas, sino más bien ofrecer una recopilación de frases hechas, que se repiten en nuestras vacaciones, viajes de negocios o en nuestros desplazamientos a través del mundo.

El Editor

PRONUNCIACIÓN FIGURADA

Aunque hay fonemas italianos sin equivalente en español, en la pronunciación figurada que aparece en esta Guía se ha evitado todo símbolo fonético o letra que pudiera representar un obstáculo a la hora de leer con rapidez.

Nuestro sistema de pronunciación figurada está basado, pues, en comparaciones de los sonidos del italiano con los del español. Aun siendo conscientes de la falta de exactitud que, en determinadas ocasiones, conlleva este sistema, hemos optado por él a fin de conseguir un manual sencillo y al alcance de todos.

El **vocalismo** del italiano es bastante parecido al del español. Habría, sin embargo, que considerar la existencia de una doble producción abierta/cerrada de las vocales *e* y *o* (abriendo más o menos la boca al pronunciarlas). En efecto, las letras *e* y *o* son abiertas en palabras como *bène, è, apèrta, ròba, fòrza* y cerradas en palabras como *vérde, méla, Róma, róssa.* No obstante, la dificultad de establecer reglas fiables y una cierta confusión entre los mismos italianos, nos permite no incidir demasiado en esta particularidad vocálica.

Más importante es la cantidad vocálica, responsable de la característica entonación italiana. Así, todas las vocales en las que recae el acento, se pronuncian durante más tiempo que en español. Un español pronuncia /Mario/ donde un italiano dirá /Maario/ (no dos aes, sino una a muy larga).

El **consonantismo** italiano presenta algunos fonemas difíciles o no usuales para un hispanohablante:

-la **s sonora,** como en *Pisa*. Es parecida a la ese española en *rasgo*. Aparece entre dos vocales.

-la **g palatal,** como en *Perugia*. Es más fuerte que la *y* española de *playa,* casi cercana a nuestra "ch". En la presente guía la transcribiremos */dch/: /perúdcha/*.

-el **grupo consonántico -sc más vocal i/e,** como en *capisci: /capíshi/*. Es parecido al fonema inglés de la palabra *she*.

-el **grupo gl**, como en *figlio*. Se pronuncia igual que la letra castellana *ll* en *Sevilla*. Incluimos esta consonante entre las dificultades debido a la relajación hacia la pronunciación */*sevíya/* en gran parte del ámbito hispanohablante. Se transcribirá como *ll.*

-la **b** y la **v**. Ambas se pronuncian siempre como tales, es decir, oclusiva bilabial, la primera, y fricativa labiodental, la segunda, en cualquier posición de la frase. Así, por ejemplo *va bene,* no se pronunciará */ba véne/* como sería la tendencia del hispanohablante, sino */va béne/*.

-la **z,** como en *azione*. Se pronuncia como */ts/*.

-la **s líquida**, como en *stadio*. El hispanohablante ha de evitar hacerla preceder de una vocal *e* de apoyo, por lo que ha de pronunciarse */stádio/* y no */*estádio/*.

-las **dobles consonantes**. Se pronuncian alargando la pronunciación *carro, cassa, caffé*, o bien realizando una brusca pausa antes de pronunciar la consonante *mattina, cappello, acqua.* En este último caso se transcribirá así */cap.pel.lo/.*

-la **r inicial**, en italiano, contrariamente al español, ha de pronunciarse suave y no dura (*ere*, no *erre*) *Roma* será */róma/* y no */rróma/*.

BREVES NOCIONES GRAMATICALES

1. ARTÍCULOS

Artículo determinado	Artículo indeterminado
il, lo, l' (el)	*un, uno* (un)
la, l' (la)	*una, un'* (una)
i, gli, (los)	*dei, degli* (unos)
le (las)	*delle* (unas)

MASCULINO

il se usa ante consonante, excepto s líquida y z: *il cane*; ***lo*** se usa ante s líquida o z: *lo spagnolo, lo zio*; ***l'*** se usa ante vocal: *l'amico.*
un se usa ante vocal o consonante, excepto s líquida y z: *un amico, un cane*; ***uno*** se usa ante s líquida y z: *uno zio.*

FEMENINO

la se usa ante consonante en todos los casos: *la ragazza, la spagnola, la zia*; ***l'*** se usa ante vocal: *l'amica*; ***una*** se usa ante cualquier consonante: *una studentessa, una ragazza;* ***un'*** se usa ante vocal: *un'amica.*

PLURAL

Para todos los casos ***i*** es el plural de ***il***; ***gli*** es el plural de ***lo*** y ***l'***, y ***le*** es el plural de ***la*** y ***l'***:
i ragazzi, gli amici, gli spagnoli, le ragazze, le amiche; ***dei*** es el plural de ***un***: *dei cani.*
degli es el plural de ***uno***: *degli spagnoli.*
delle es el plural de ***una*** y ***un'***: *delle amiche, delle ragazze.*

2. NOMBRES

En italiano, como en español, existen dos géneros gramaticales: masculino y femenino. En muchos casos coinciden con los del castellano, aunque hay excepciones importantes: *il naso* (la nariz), *il latte* (la leche), *il letto* (la cama), *la valle* (el valle), *la forchetta* (el tenedor), etc.

Formación del femenino. Generalmente se forma sustituyendo la *o* del masculino por la letra *a*: *bello/bella, amico/amica*. A veces se obtiene sustituyendo la *e* por la letra *a*: *il cameriere/la cameriera*. De todas formas, abundan los casos de formación del femenino por otros medios morfológicos: *il pittore/la pittrice, il principe/la principessa.* A veces el femenino adquiere formas léxicas completamente diferentes: *il fratello/la sorella, l'uomo/la donna, il cane/la cagna.*

Formación del plural. La regla básica es la siguiente: las palabras terminadas en *o* y *e*, hacen el plural en *i*: *il ragazzo/i ragazzi, il signore/i signori, la chiave/le chiavi*, y las palabras terminadas en *a* hacen el plural en *e*: *l'aria/le arie, la donna/le* *donne.* Si la palabra termina en *-co/ca* y en *-go/ga* se debe añadir una h para que el sonido gutural se mantenga (excepto en las esdrújulas de género masculino): *il turco/i turchi, la collega/le colleghe,* pero *simpatico/simpatici.* Las palabras masculinas terminadas en *a* harán el plural en *i*: *pirata/pirati.* Algunas palabras, sin embargo, forman el plural de modo irregular: *l'uovo/le uova, il braccio/le braccia, il labbro/le labbra.*

3. ADJETIVOS CALIFICATIVOS

Concuerdan con el sustantivo al que acompañan en género y número, y tras el que, generalmente, se colocan. Para la formación del **femenino** y del **plural** se siguen las mismas normas que en el caso del sustantivo.

Así, podemos distinguir tres tipos de adjetivos: de cuatro terminaciones: *bello/bella/belli/belle*, de dos terminaciones: *grande/grandi,* y de una sóla terminación: *pari* (único caso).

Grados de comparación:

De igualdad: *così ... come* o *tanto ... quanto.*

De superioridad: *più ... di* o *più ... che.* En general se optará por *di* delante de sustantivos y pronombres: *Sandra è più bassa di Claudia,* y por *che* delante de adjetivos, verbos y preposiciones: *questo palazzo è più fresco che caldo.*

De inferioridad: *meno ... di* o *meno ... che.* Las condiciones de uso son las mismas que para el de superioridad.

Superlativo:

Relativo: *il/la/i/le più ...* (el/la/los/las más ...)
Absoluto: *molto ...* (muy ...), o bien, añadiendo el sufijo *-issimo: questo gelato è buonissimo.*

4. PRONOMBRES

PRONOMBRES PERSONALES

De sujeto	Objeto Directo	O. Indirecto
io (yo)	*mi* (me)	*mi* (me)
tu (tu)	*ti* (te)	*ti* (te)
lui (él)	*lo* (lo)	*gli* (le)
lei (ella)	*la* (la)	*le* (le)
noi (nosotros)	*ci* (nos)	*ci* (nos)
voi (vosotros)	*vi* (os)	*vi* (os)
loro (ellos/as)	*li* (los)	*gli* (les)
	le (las)	

Usted, se traduce por *Lei*, por lo que seguirá siempre el régimen femenino en todo caso: *Signore, sono contento di vederLa.* Ustedes, en cambio, es de un uso muy restringido, por lo que se preferirá la segunda persona del plural: *Quando venite voi?* (¿Cuándo vienen ustedes?).

Pronombres reflexivos

mi, ti, si, ci, vi, si (me, te, se, nos, os, se)

Io mi alzo, tu ti pettini (yo me levanto, tú te peinas)

Pronombres tónicos

Generalmente tras preposición (pero sin ella cuando es un objeto directo) los pronombres presentan las siguientes formas: *me, te, lui, lei, noi, voi, loro.*
Hanno chiamato me (me han llamado a mí)
Obsérvese que en italiano no se acumulan, como en español, los pronombres átonos y tónicos:
A me piace il prosciutto (a mí me gusta el jamón).
Lo do a Elena (se lo doy a Elena).

ADJETIVOS Y PRONOMBRES POSESIVOS

Los adjetivos posesivos concuerdan en género y número con el nombre a que se refieren: *il mio cane, la mia casa* (mi perro, mi casa).

il mio	*la mia*	*i miei*	*le mie* (mi, mis)
il tuo	*la tua*	*i tuoi*	*le tue* (tu, tus)
il suo	*la sua*	*i suoi*	*le sue* (su, sus)
il nostro	*la nostra*	*i nostri*	*le nostre* (*nues*tro/a/os/as)
il vostro	*la vostra*	*i vostri*	*la vostre* (vuestro/a/os/as)
il loro	*la loro*	*i loro*	*le loro* (su, sus)

Es importante recalcar la existencia de un posesivo diferenciado para la tercera persona del singular y del plural, a diferencia del español. Así: *È venuto Mario con il suo cane* (Ha venido Mario con su perro), pero: *Sono venuti Silvia e Marcella con il loro cane* (Han venido Silvia y Marcella con su perro).

Cuando nos referimos a miembros de la familia (en singular, excepto para *loro*) no colocaremos el artículo delante del posesivo: *mio padre, sua moglie, nostra sorella* (mi padre, su esposa, nuestra hermana).

Los **pronombres posesivos** son, en su forma, iguales a los adjetivos.

ADJETIVOS Y PRONOMBRES DEMOSTRATIVOS

Adjetivos. Las formas *questo/a/i/e* se refieren a un grado de proximidad igual al del castellano este/a/os/as: *questi ragazzi non li conosco* (a estos chicos no los conozco). En cambio, sólo se dispone de una forma en italiano para el equivalente a la lejanía de tipo medio o máximo (ese, aquel). Este demostrativo transforma su terminación dependiendo de la letra inicial del sustantivo, del modo que ya vimos con los artículos, así:
quel libro/quell'amico/quello spagnolo/quella ragazza
quei palazzi/quegli studenti/quelle persone.

Pronombres. Los de cercanía tienen las mismas formas que los adjetivos: *questo/a/i/e (mi piace questo).* En cambio los pronombres de lejanía sólo presentan las cuatro formas básicas *quello/a/i/e,* así:
Mi piace quel gatto. Sí, mi piace quello.
El pronombre también se usa para traducir el español "lo que, el que, la que, los que, las que": *È quella che mi piace* (Es la que me gusta).

PRONOMBRES RELATIVOS

che, cui, chi, quale/i

Il ragazzo che lavora qui (el chico que trabaja aquí).
Il ragazzo con cui/con il quale vado a cena (el chico con el que voy a cenar).
Chi mangia molto, ingrassa (quien come mucho, engorda).

ADJETIVOS Y PRONOMBRES INTERROGATIVOS

chi? (¿quién?)
che? (¿qué?)
quale/i? (¿cuál/cuáles?)
come? (¿cómo?)
perché? (¿por qué?)
dove? (¿dónde?)
quando? (¿cuándo?)
quanto? (¿cuánto?)

ADJETIVOS Y PRONOMBRES INDEFINIDOS

adjetivos:

ogni (cada), *qualche* (algún/a), *qualunque* (cualquier), *qualsiasi* (cualquier).

pronombres:

ognuno (cada uno), *qualcuno* (alguno), *chiunque* (cualquiera), *qualcosa* (algo).

adjetivos y pronombres:

ciascuno/a (cada uno/a), *alcuni/e* (algunos/as), *nessuno* (ningún/a, nadie), *altro* (otro, otra cosa).

5. ADVERBIOS

de tiempo

allora (entonces)
dopo, poi (después)
mai (nunca)
presto (pronto)
sempre (siempre)
oggi (hoy)
ieri (ayer)
tardi (tarde)
subito (en seguida)
ormai, già (ya)
ancora (todavía)
ora, adesso (ahora)
prima (antes)
spesso (a menudo)
domani (mañana)
l'altro ieri (anteayer)
dopodomani (pasado mañana)

de lugar

qui, qua (aquí, acá)
lì, là (allí, allá)
sotto (abajo, debajo)
sopra (arriba, encima)
davanti (delante)
dietro (detrás)
dentro (dentro)
fuori (fuera)
intorno (alrededor)
dappertutto (por todas partes)
vicino (cerca)
lontano (lejos)
a destra (a la derecha)
a sinistra (a la izquierda)

de frecuencia

di solito (generalmente)
spesso (a menudo)
qualche volta (a veces)
sempre (siempre)
ogni tanto (de vez en cuando)
mai (nunca)

de afirmación/negación

sì (sí)
no (no)
non (no, con verbos)
davvero (de verdad)

infatti (en efecto)
mica (no, refuerzo de negación)
non affatto (en absoluto)

de cantidad

abbastanza (bastante)
poco (poco)
più (más)
niente, nulla (nada)
molto (mucho, muy)
troppo (demasiado)
meno (menos)
appena (apenas)

interrogativos

come? (¿cómo?)
dove? (¿dónde?)
perché? (¿por qué?)
quando? (¿cuándo?)
quanto/a/i/e? (¿cuánto/a/os/as?)

de modo

così (así)
bene (bien)
in fretta (deprisa)
insieme (juntos)
meglio (mejor)
male (mal)
volentieri (con mucho gusto)
a poco a poco (poco a poco)

Muchos adverbios de modo se forman añadiendo al adjetivo en femenino la terminación *-mente*: *sicuramente.*

6. PREPOSICIONES Y ADVERBIOS PREPOSICIONALES

Algunos ejemplos del uso de las preposiciones *a, di, in, con, su, per, da*:
Vado a Roma (voy a Roma).
Sono a Firenze (estoy en Florencia).

Il quaderno è di Lisa (el cuaderno es de Lisa).
Abito in Italia (vivo en Italia)
Vado in Spagna (voy a España)
Andiamo in cucina (vamos a la cocina)
Oggi esco con Andrea (hoy salgo con Andrea)
Il libro è sul tavolo (el libro está en la mesa)
Salgo sul treno (subo al tren)
Questo è per te (esto es para ti)
Per tre ore (durante tres horas)
Studio da un'ora (estudio desde hace una hora)
Vado da Mario (voy a ver a Mario)

Funcionan también como preposiciones:
contro (contra), *dentro* (dentro), *fra* (entre, dentro), *eccetto* (eccepto), *senza* (sin), *secondo* (según), *sotto* (bajo), *verso* (hacia).

7. CONJUNCIONES

mentre (mientras)
poiché (ya que)
anche se (aunque)
quasi (casi)
e (y)
ma (pero)
perché (porque)
benché (aunque)
se (si)
quando (cuando)
o (o)
però (sin embargo)

8. VERBOS

Los verbos italianos, según su terminación, se clasifican en tres grandes grupos:

1. en **-ARE.** Es el más numeroso y son casi todos regulares. Hacen excepción *andare, stare* y *dare.*
2. en **-ERE.** Algunos son graves, como *temére,* pero la mayoría son esdrújulos, como *préndere.*
3. en **-IRE.** Forman dos grupos, con o sin sufijo -*isc,* como veremos más adelante.

La forma negativa. Se construye anteponiendo al tiempo verbal la partícula *non.*

La forma interrogativa. Se construye como en español, aunque sólo se usa el signo de interrogación final, y no el inicial: *Sei spagnolo?* (¿Eres español?).

VERBOS REGULARES

Presente

Amare	**Prendere**	**Partire**
amo	*prendo*	*parto*
ami	*prendi*	*parti*
ama	*prende*	*parte*
amiamo	*prendiamo*	*partiamo*
amate	*prendete*	*partite*
amano	*prendono*	*partono*

Algunos verbos de la tercera conjugación añaden un sufijo a algunas personas, como *finire, capire,* conjugándose así: *capisco, capisci, capisce, capiamo, capite, capiscono.*

Imperfecto

amavo, -avi, -ava, -avamo, -avate, -avano
prendevo, -evi, -eva, -evamo, -evate, -evano
partivo, -ivi, -iva, -ivamo, -ivate, -ivano.

Futuro

amerò, -erai, -erà, -eremo, -erete, -eranno
prenderò, -erai, -erà, -eremo, -erete, -eranno
partirò, -irai, -irà, -iremo, -irete, -iranno

LOS TIEMPOS COMPUESTOS. El auxiliar que se emplea para formar tiempos compuestos como el pretérito perfecto, dependiendo del verbo, puede ser *essere* o *avere*. Los principales verbos que usan como auxiliar el verbo *essere* son: *andare, venire, arrivare, essere, succedere, piacere, nascere, salire, scendere,* etc. así como todos los verbos reflexivos: *mi sono alzato.*

El participio suele tener estas terminaciones: *-ATO, -UTO, -ITO,* para cada una de las conjugaciones, aunque son numerosísimas las irregularidades: *aperto, chiuso, scritto, preso, messo, spento, fatto, detto,* etc.
Cuando el auxiliar es *essere* el participio concuerda en género y número con la persona verbal: *Noi siamo andate a Milano* (hemos ido a Milán).

Pretérito perfecto

Amare
io ho amato, tu hai amato, lui ha amato, noi abbiamo amato, voi avete amato, loro hanno amato

Andare
io sono andato/a, tu sei andato/a, lui è andato, noi siamo andati/e, voi siete andati/e, loro sono andati/e

VERBOS IRREGULARES EN PRESENTE

Avere (tener, haber)
ho, hai, ha, abbiamo, avete, hanno

Essere (ser, estar)
sono, sei, è, siamo, siete, sono

Andare (ir)
vado, vai, va, andiamo, andate, vanno

Fare (hacer)
faccio, fai, fa, facciamo, fate, fanno

Dire (decir)
dico, dici, dice, diciamo, dite, dicono

Volere (querer)
voglio, vuoi, vuole, vogliamo, volete, vogliono

Potere (poder)
posso, puoi, può, possiamo, potete, possono

NÚMEROS

1.	Uno	*úno*
2.	Due	*dúe*
3.	Tre	*tre*
4.	Quattro	*cuát.tro*
5.	Cinque	*chíncue*
6.	Sei	*sei*
7.	Sette	*sét.te*
8.	Otto	*ót.to*
9.	Nove	*nóve*
10.	Dieci	*diéchi*
11.	Undici	*úndichi*
12.	Dodici	*dódichi*
13.	Tredici	*trédichi*
14.	Quattordici	*cuat.tórdichi*
15.	Quindici	*cuíndichi*
16.	Sedici	*sédichi*
17.	Diciassette	*dichassét.te*
18.	Diciotto	*dichót.to*
19.	Diciannove	*dichan.nóve*
20.	Venti	*vénti*
21.	Ventuno	*ventúno*
22.	Ventidue	*ventidúe*
23.	Ventitré	*ventitré*
24.	Ventiquattro	*venticuát.tro*
28.	Ventotto	*ventót.to*
30.	Trenta	*trénta*
40.	Quaranta	*cuaránta*
50.	Cinquanta	*chincuánta*

60.	Sessanta	*sessánta*
70.	Settanta	*set.tánta*
80.	Ottanta	*ot.tánta*
90.	Novanta	*novánta*
100.	Cento	*chénto*
200.	Duecento	*duechénto*
300.	Trecento	*trechénto*
400.	Quattrocento	*cuat.trochénto*
500.	Cinquecento	*chincuechénto*
600.	Seicento	*seichénto*
700.	Settecento	*set.techénto*
800.	Ottocento	*ot.tochénto*
900.	Novecento	*novechénto*
1.000.	Mille	*míl.le*
2.000.	Duemila	*duemíla*
5.000	Cinquemila	*chincuemíla*
10.000.	Diecimila	*diechimíla*
100.000.	Centomila	*chentomíla*
1.000.000.	Un milione	*un milióne*
1º.	Primo	*prímo*
2º.	Secondo	*secóndo*
3º.	Terzo	*tértso*
4º.	Quarto	*cuárto*
5º.	Quinto	*cuínto*
6º.	Sesto	*sésto*
7º.	Settimo	*sét.timo*
8º.	Ottavo	*ot.távo*
9º.	Nono	*nóno*
10º.	Decimo	*déchimo*
½	Un mezzo	*un métso*
¼	Un quarto	*un cuárto*

SALUDOS

Buenos días	Buongiorno	*buondchórno*
Buenas tardes	Buonasera	*buonaséra*
Buenas noches	Buonasera/ Buonanotte	*buonaséra/* *buonanót.te*
Hola	Ciao	*cháo*
Adiós	Ciao	*cháo*
Hasta luego	Ci vediamo	*chi vediámo*
Hasta mañana	A domani	*a dománi*
Hasta pronto	A presto	*a présto*
¿Cómo está Vd.?	Come sta?	¿cóme sta?
¿Cómo estás?	Come stai?	*¿cóme stái?*
¿Qué tal?/ **¿Qué hay?**	Come va?	*¿cóme va?*

Muy bien	Benissimo	*beníssimo*
Bien	Bene	*béne*
Regular	Non molto bene	*non mólto béne*
Gracias	Grazie	*grátsie*
Muchas gracias	Grazie tante	*grátsie tánte*
¿Y usted?/ ¿Y tú?	E Lei?/E tu?	*¿e léi?/¿e tú?*

¿Cómo está su/tu familia?
Come sta la Sua/tua famiglia?
¿cóme sta la súa/túa famílla?

Me alegro
Ne sono contento
ne sóno conténto

Me alegro de verle
Sono contento di vederLa
sóno conténto di vedérla

¡Cuánto tiempo sin verle!
Da quanto tempo non La vedevo!
¡da cuánto témpo non la vedévo!

¿Cómo se encuentra hoy?
Come si sente oggi?
¿Cóme si sénte odchi?

Recuerdos a ...
Mi saluti/salutami ...
mi salúti/salútami ...

Besos a ...
Da' un bacio a ...
dá un bácho a ...

PRESENTACIONES

Señor	Signore	*siñóre*
Señora	Signora	*siñóra*
Señorita	Signorina	*siñorína*
Los señores (...)	I signori (...)	*i signóri (...)*

¿Cómo te llamas?
Come ti chiami?
¿cóme ti quiámi?

¿Cómo se llama usted?
Come si chiama?
¿cóme si quiáma?

¿Cuál es tu/su nombre?
Qual è il tuo/suo nome?
¿cuál é il túo/súo nome?

Me llamo ...
Mi chiamo ...
Mi quiámo ...

Éste es el Sr. ...
Questo è il Signor ...
Cuésto é il siñór ...

Ésta es la Sra. ...
Questa è la Signora ...
Cuésta é la siñóra ...

Le presento a ...
Le presento ...
le presénto ...

Quiero presentarle a ...
Voglio presentarLe ...
vóllo presentárle ...

Encantado/a
Piacere
piachére

Mucho gusto
Molto lieto/a
mólto liéto/a

¿Conoce ya al Sr. ...?
Conosce già il Signor ...?
¿conóshe dchá il siñór ...?

¿Es Vd. el Sr. ... (la Sra. ...)?
È Lei il Signor ... (la Signora ...)?
¿é léi il siñór ... (la siñóra ...)?

Sí, soy yo
Sì, sono io
sí, sóno ío

DATOS PERSONALES

Nombre	Nome	*nóme*
Apellido	Cognome	*coñóme*
Edad	Età	*etá*
Estado civil	Stato Civile	*státo chivíle*
Soltero/a	Celibe/nubile	*chélibe/núbile*
Casado/a	Sposato/a	*sposáto/a*
Divorciado/a	Divorziato/a	*divortsiáto/a*
Viudo/a	Vedovo/a	*védovo/a*
Profesión	Professione	*professióne*
Dirección	Indirizzo	*indirítso*
D.N.I.	Carta d'identità	*cárta didentitá*
Pasaporte	Passaporto	*passapórto*

Fecha de nacimiento
Data di nascita
dáta di náshita

Lugar de nacimiento
Luogo di nascita
Luógo di náshita

¿Cómo se llama Vd./te llamas?
Lei come si chiama?/Tu come ti chiami?
¿léi cóme si quiáma? ¿tú cóme ti quiámi?

¿Cual es su dirección?
Qual è il suo indirizzo?
¿cuál é il súo indirítso?

¿Dónde vive/vives?
Dove abita/i?
¿dóve ábita/i?

¿De dónde es Vd.?
Lei di dov'è?
¿léi di dové?

¿De dónde eres?
Di dove sei?
¿di dóve séi?

¿Cuál es su/tu nacionalidad?
Qual è la sua/tua nazionalità?
¿Cuál é la súa/túa natsionalitá?

¿Cuál es su/tu número de teléfono?
Qual è il Suo/tuo numero di teléfono?
¿cuál é il súo/túo número di teléfono?

¿Cuántos años tiene/tienes?
Quanti anni ha/hai?
¿cuánti án.ni a/ái?

Nací en ...
Sono nato a ...
sóno náto a ...

PREGUNTAS Y RESPUESTAS BREVES

¿Quién es?	Chi è?	*¿qui é?*
¿Qué es?	Cos'è?	*¿cosé?*
¿Dónde está?	Dov'è?	*¿dové?*
¿Por qué?	Perché?	*¿perqué?*
¿Cuánto/a/os/as?	Quanto/a/i/e?	*¿cuánto/a/i/e?*
¿Cuál?	Quale?	*¿cuále?*
¿Seguro?	Sicuro?	*¿sicúro?*
¿De verdad?	Davvero?	*¿davvéro?*
Es verdad	È vero	*é véro*
Sí	Sì	*sí*
De acuerdo	D'accordo	*daccórdo*
Vale	Va bene	*va béne*
Eso es	Ecco	*éc.co*
Tiene usted razón	Lei ha ragione	*léi ha radchóne*
Depende	Dipende	*dipénde*
Por supuesto	Certamente	*chertaménte*
Ya entiendo	Ora capisco	*óra capísco*
¡Claro!	Certo!	*¡chérto!*
No	No	*no*
En absoluto	Non affatto	*non affát.to*

Nunca	Mai	*mái*
Nada	Niente	*niénte*
Al contrario	Tutt'altro	*tut.táltro*
No creo	Non ci credo	*non chi crédo*

FRASES DE CORTESÍA

Gracias	Grazie	*grátsie*
De nada	Prego	*prégo*
Por favor	Per favore	*per favóre*
Con mucho gusto	Volentieri	*volentiéri*
Disculpe/ Perdón	Mi scusi	*mi scúsi*
Lo siento	Mi dispiace	*Mi dispiáche*
Lo lamento	Mi dispiace tanto	*mi dispiáche tánto*
¡Salud!	Salute!	*¡salúte!*
¡Suerte!	Buona fortuna!	*¡buóna fortúna!*
¡Enhorabuena!	Complimenti!	*¡compliménti!*
¡Feliz cumpleaños!	Buon compleanno!	*¡buón compleán.no!*
¡Que aproveche!	Buon appetito!	*¡buón ap.petíto!*
¡Bienvenido/a!	Benvenuto/a	*¡benvenúto/a!*

No importa Non fa niente *non fa niénte*

Aquí tiene Ecco a Lei *éc.co a léi*

¿Puedo ayudarle?
Posso aiutarLa?
¿pósso aiutárla?

Es Vd. muy amable
Lei è molto gentile
léi é mólto dchentíle

No se moleste
Non si disturbi
non si distúrbi

Siento molestarle
Scusi se La disturbo
scúsi se la distúrbo

Se lo agradezco mucho
La ringrazio molto
la ringrátsio mólto

¡No hay de qué!
Non c'è di che!
¡non ché di qué!

¡No se preocupe!
Non si preoccupi!
¡non si preóc.cupi!

¿En qué puedo servirle?
Cosa desidera?
¿cósa desídera?

¿Desea algo?
Desidera qualcosa?
¿desídera cualcósa?

Quería (quisiera) ...
Vorrei (volevo) ...
vorréi (volévo) ...

APRENDIENDO LA LENGUA

¿Habla Vd. español?
Parla spagnolo?
¿párla spañólo?

No hablo ...
Non parlo ...
non párlo ...

Un poco
Un po'
un pó

Ni una palabra
Neanche una parola
neánche úna paróla

¿Me comprende?
Mi capisce?
¿mi capíshe?

No comprendo
Non capisco
non capísco

¿Cómo?/Perdón?
Come?/Scusi?
¿cóme?/¿scúsi?

¿Cómo dice?
Come dice?
¿cóme díche?

Más despacio, por favor
Più lentamente, prego
Piú lentaménte, prégo

¿Cómo se escribe?
Come si scrive?
¿cóme si scríve?

¿Cómo se pronuncia?
Come si pronuncia?
¿cóme si pronúncha?

¿Cómo se deletrea?
Me lo ripete lettera per lettera?
¿me lo ripéte lét.tera per lét.tera?

¿Qué significa?
Cosa significa?
¿cósa siñífica?

¿Qué quiere Vd. decir?
Cosa vuole dire?
¿cósa vuóle díre?

¿Cómo se dice ... en ...?
Come si dice ... in ...?
¿cóme si díche ... in ...?

Repita, por favor
Ripeta, per favore
ripéta per favóre

ÓRDENES

¡Deprisa!	In fretta!	*¡infrét.ta!*
¡Despacio!	Lentamente!	*¡lentaménte!*
¡Entre!/ ¡Adelante!	Avanti!	*¡avánti!*

¡Venga!	Dai!	*¡dái!*
¡Oiga!	Senta!	*¡sénta!*
¡Cuidado!	Attenzione!	*¡at.tentsióne!*
¡Vamos!	Andiamo!	*¡andiámo!*
¡Silencio!	Silenzio!	*¡siléntsio!*
¡Socorro!	Aiuto!	*¡aiúto!*
¡Siéntese, por favor!	Si accomodi, prego!	*¡si ac.cómodi, prégo!*

AVISOS PÚBLICOS

Cuidado	Attenzione	*at.tentsióne*
Peligro	Pericolo	*perícolo*
Atención a ...	Attenzione a ...	*at.tentsióne a*
Cerrado	Chiuso	*quiúso*
Abierto	Aperto	*apérto*
Averiado	Guasto	*guásto*
Entrada	Ingresso/ entrata	*ingrés.so/ entráta*
Salida	Uscita	*ushíta*
Ascensor	Ascensore	*ashensóre*
Libre	Libero	*líbero*
Ocupado	Occupato	*oc.cupáto*
Privado	Privato	*priváto*

Tirar	Tirare	*tiráre*
Empujar	Spingere	*spíndchere*
Parada	Fermata	*fermáta*
Servicios	Bagno	*báño*
Señoras	Donne	*dón.ne*
Caballeros	Uomini	*uómini*
Cambio	Cambio	*cámbio*
Se vende	Si vende/ Vendesi	*si vénde/ véndesi*
Se alquila	Si affitta/ Affittasi	*si affít.ta/ affít.tasi*
Aparcamiento	Parcheggio	*parquédcho*
Autoservicio	Self service	*self sérvis*
Recepción	Reception	*Risépsion*
Prohibido el paso	Transito vietato	*tránsito vietáto*
Se prohíbe la entrada	Vietato l'accesso	*vietáto lac.chésso*
Prohibido fumar	Vietato fumare	*vietáto fumáre*
Recién pintado	Pittura fresca	*pit.túra frésca*

EL TIEMPO

Tiempo	Tempo	*témpo*
Reloj	Orologio	*orolódcho*
Día	Giorno	*dchórno*
Hora	Ora	*óra*
Minuto	Minuto	*minúto*
Segundo	Secondo	*secóndo*
Mañana	Mattina	*mat.tína*
Mediodía	Primo pomeriggio	*prímo pomerídcho*
Tarde	Pomeriggio/ Sera	*pomerídcho/ séra*
Noche	Sera/notte	*séra/nót.te*

Medianoche	Mezzanotte	*metsanót.te*
Media hora	Mezz'ora	*metsóra*

¿Qué hora es?
Che ore sono?
¿qué óre sóno?

Son las siete
Sono le sette
sono le sét.te

Las siete y diez
Le sette e dieci
le sét.te e diéchi

Las siete y cuarto
Le sette e un quarto
le sét.te e un cuárto

Las siete y media
Le sette e mezza
le sét.te e métsa

Las ocho menos cuarto
Le otto meno un quarto
le ót.to méno un cuárto

¿Puede decirme la hora, por favor?
Mi può dire l'ora, per favore?
¿mi puó díre lóra, per favóre?

¿A qué hora abre ...?
A che ora apre ...?
¿a qué óra ápre ...?

Es temprano/tarde
È presto/tardi
é présto/tárdi

Tiempo	Tempo	*témpo*
Temperatura	Temperatura	*temperatúra*
Clima	Clima	*clíma*
Hace sol	C'è sole	*ché sóle*
Hace frío	Fa freddo	*fa fréd.do*

Hace calor	Fa caldo	*fa cáldo*
Hace viento	Tira vento	*tíra vénto*
Está nublado	È nuvoloso	*é nuvolóso*

Está lloviendo
Piove
pióve

Va a llover
Sta per piovere
stá per pióvere

Sigue lloviendo
Continua a piovere
contínua a pióvere

Ha dejado de llover
Ha smesso di piovere
a smésso di pióvere

Está nevando
Nevica
névica

Está helando
Gela
dchéla

¿Qué tiempo hace?
Che tempo fa?
¿qué témpo fa?

Hace mal tiempo
Fa brutto tempo
fa brút.to témpo

Hace un tiempo magnífico
C'è un tempo splendido
ché un témpo spléndido

Estamos a seis grados bajo cero
Siamo a sei gradi sotto zero
siámo a séi grádi sót.to tséro

Día	Giorno	*dchórno*
Semana	Settimana	*set.timána*
Mes	Mese	*mése*
Quincena	Quindicina	*cuindichína*
Año	Anno	*ánno*

Siglo	Secolo	*sécolo*
Hoy	Oggi	*ódchi*
Ayer	Ieri	*iéri*
Anteayer	L'altro ieri	*láltro iéri*
Mañana	Domani	*dománi*
Pasado mañana	Dopodomani	*dopodománi*
Esta noche	Questa notte	*cuésta nót.te*
Día festivo	Giorno festivo	*dchórno festívo*
Fecha	Data	*dáta*

Días de la semana

Lunes	Lunedì	*lunedí*
Martes	Martedì	*martedí*
Miércoles	Mercoledì	*mercoledí*
Jueves	Giovedì	*dchovedí*
Viernes	Venerdì	*venerdí*
Sábado	Sabato	*sábato*
Domingo	Domenica	*doménica*

Meses del año

Enero	Gennaio	*dchen.náio*
Febrero	Febbraio	*feb.bráio*
Marzo	Marzo	*mártso*

Abril	Aprile	*apríle*
Mayo	Maggio	*mádcho*
Junio	Giugno	*dchúño*
Julio	Luglio	*lúllo*
Agosto	Agosto	*agósto*
Septiembre	Settembre	*set.témbre*
Octubre	Ottobre	*ot.tóbre*
Noviembre	Novembre	*novémbre*
Diciembre	Dicembre	*dichémbre*

Estaciones del año

Invierno	Inverno	*invérno*
Primavera	Primavera	*primavéra*
Verano	Estate	*estáte*
Otoño	Autunno	*autún.no*

¿A cuánto estamos?/¿Qué día es hoy?
Quanti ne abbiamo oggi?/Oggi che giorno è?
¿cuánti ne abbiámo ódchi?/¿ódchi qué dchórno é?

Es uno de abril
È il primo aprile
é il prímo apríle

El domingo pasado
Domenica scorsa
doménica scórsa

El lunes próximo
Lunedì prossimo
lunedí próssimo

El 6 de noviembre de 1997
Il 6 novembre 1997
il séi novémbre mil.le novechénto novantasét.te

Navidad	Natale	*natále*
Año Nuevo	Capodanno	*capodán.no*
Semana Santa	Settimana Santa	*set.timána sánta*

Primero de Mayo
Il primo Maggio
il prímo mádcho

EN LA CIUDAD

Calle	Strada/via	*stráda/vía*
Avenida	Corso	*córso*
Paseo	Viale	*viále*
Centro	Centro	*chéntro*

Afueras	Dintorni	*dintórni*
Barrio	Quartiere	*cuartiére*
Edificio	Edificio/ Palazzo	*edifícho/ palátso*
Casa	Casa	*cása*
Esquina	Angolo	*ángolo*
Puerto	Porto	*pórto*
Fuente	Fontana	*fontána*
Plaza	Piazza	*piátsa*
Puente	Ponte	*pónte*
Río	Fiume	*fiúme*
Jardín	Giardino	*dchardíno*
Parque	Parco	*párco*
Paso subterráneo	Sottopassaggio	*sot.to-passádcho*
Cruce	Incrocio	*incrócho*
Semáforo	Semaforo	*semáforo*
Guardia de tráfico	Vigile urbano	*vídchile urbáno*
Papelera	Cestino	*chestíno*
Buzón	Cassetta postale	*cassét.ta postále*
Farola	Lampione	*lampióne*
Cabina	Cabina	*cabína*

Acera	Marciapiede	*marchapiéde*
Paso de cebra	Strisce pedonali	*stríshe pedonáli*
Por aquí	Di qui	*di cuí*
Por ahí	Di là	*di lá*
Todo recto	Sempre dritto	*sémpre drít.to*
A la izquierda	A sinistra	*a sinístra*
A la derecha	A destra	*a déstra*
Delante de	Davanti a	*davánti a*
Detrás de	Dietro (a)	*diétro (a)*
Enfrente de	Di fronte a	*di frónte a*
Más adelante/ atrás	Più avanti/ indietro	*piú avánti/ indiétro*
Más arriba/ abajo	Più su/giù	*piú sú/dchú*

A ... metros de aquí
A ... metri da qui
a ... métri da cuí

Por favor, ¿dónde está la calle...?
Per favore, dov'è via...?
per favóre, ¿dové vía...?

¿Puede Vd. decirme dónde está...?
Lei mi può dire dov'è...?
¿Léi mi puó díre dov'è...?

¿Por dónde se va a...?
Come si fa per andare a...?
¿cóme si fa per andáre a...?

¿Está muy lejos?
È molto lontano?
¿é mólto lontáno?

¿A qué distancia está?
Quanto dista?
¿cuánto dísta?

Siga por esta misma calle
Vada dritto per questa stessa strada
váda drít.to per cuésta stéssa stráda

Al otro lado de la calle
Dall'altra parte della strada
dal.láltra párte del.la stráda

Es la paralela a ésta
È la parallela a questa
é la paral.léla a cuésta

Gire a la izquierda en el próximo cruce
Giri a sinistra al prossimo incrocio
dchíri a sinístra al próssimo incrócho

Al doblar la esquina
Girando l'angolo
dchirándo lángolo

Está muy lejos, es mejor que vaya en autobús
È molto lontano, è meglio che prenda l'autobus
é mólto lontáno, é méllo que prénda láutobus

Sígame, yo también voy en esa dirección
Mi segua, anch'io vado in quella direzione
mi ségua, anquío vádo in cuél.la diretsióne

EDIFICIOS PÚBLICOS

Ayuntamiento	Municipio	*munichípio*
Juzgados	Tribunale	*tribunále*
Embajada	Ambasciata	*ambasháta*
Consulado	Consolato	*consoláto*
Correos	Posta	*pósta*
Comisaría	Commissariato	*com.missariáto*
Hospital	Ospedale	*ospedále*
Oficina de Turismo	Centro di Informazione Turistica	*chéntro di informatsióne turística*
Estación	Stazione	*statsióne*
Castillo	Castello	*castél.lo*

Palacio	Palazzo	*palátso*
Iglesia	Chiesa	*quiésa*
Catedral	Duomo/ Cattedrale	*duómo/* *cat.tedrále*
Museo	Museo	*muséo*
Escuela	Scuola	*scuóla*
Instituto	Liceo	*lichéo*
Universidad	Università	*universitá*
Biblioteca	Biblioteca	*bibliotéca*

EN UNA AGENCIA DE VIAJES

Viajar	Viaggiare	*viadcháre*
Viaje	Viaggio	*viádcho*
Vacaciones	Vacanze	*vacántse*
Excursión	Gita	*dchíta*
Oferta	Offerta	*offérta*
Descuento	Sconto	*scónto*

Quiero ir a ... en avión
Voglio andare a ... in aereo
vóllo andáre a ... in aéreo

Me gustaría salir la semana próxima
Mi piacerebbe partire la prossima settimana
mi piacheréb.be partíre la próssima set.timána

Quisiera hacer el viaje en autocar y alojarme en un hotel de dos estrellas
Vorrei fare il viaggio in pullman e alloggiare in un albergo a due stelle
vorréi fáre il viádcho in púlman e al.lodcháre in un albérgo a dúe stél.le

Desearía visitar la región de ...
Vorrei visitare la regione ...
vorréi visitáre la redchóne ...

¿Qué ciudades me aconseja Vd. que visite?
Quali città mi consiglia di visitare?
¿cuáli chit.tà mi consílla di visitáre?

¿Podría Vd. hacerme un itinerario y un presupuesto?
Potrebbe farmi un itinerario e un preventivo?
¿potréb.be fármi un itinerário e un preventívo?

¿Cuánto cuesta todo eso?
Quanto viene il tutto?
¿cuánto viéne il tút.to?

Resérveme dos plazas para el día ...
Mi prenoti due posti per il giorno ...
mi prenóti dúe pósti per il dchórno ...

¿Cuándo puedo recoger los billetes?
Quando posso ritirare i biglietti?
¿cuándo pósso ritiráre i billét.ti?

¿Tiene Vd. folletos turísticos?
Ha opuscoli turistici?
¿a opúscoli turístici?

EN LA ADUANA

Aduana	Dogana	*dogána*
Documentación	Documenti	*documénti*
Pasaporte	Passaporto	*passapórto*
Equipaje	Bagaglio	*bagállo*
Maleta	Valigia	*valídcha*
Regalo	Regalo	*regálo*

Bolso de mano
Bagaglio a mano
bagállo a máno

Derechos de aduana
Diritti doganali
dirít.ti doganáli

Control de pasaportes
Controllo passaporti
contról.lo passapórti

Visado de entrada
Visto d'ingresso
vísto d'ingrésso

Permiso internacional de conducir
Patente internazionale
paténte internatsionále

Carta verde
Carta verde
cárta vérde

Su pasaporte, por favor
Il suo passaporto, prego
il súo passapórto prégo

Aquí tiene
Ecco a Lei
éc.co a léi

El objeto de mi viaje es ...
Il motivo del mio viaggio è ...
il motívo del mío viádcho é ...

Vacaciones, turismo, estudios, negocios ...
Vacanza, turismo, studi, affari ...
vacántsa, turísmo, stúdi, affári ...

¿Tiene Vd. algo que declarar?
Ha qualcosa da dichiarare?
¿á cualcósa da diquiaráre?

No tengo nada que declarar
Non ho niente da dichiarare
nonó niénte da diquiaráre

No, sólo llevo objetos de uso personal
No, porto solo oggetti personali
no, pórto sólo odchét.ti personáli

No llevo moneda extranjera
Non porto valuta straniera
non pórto valúta straniéra

Abra esa maleta, por favor
Apra quella valigia, prego
ápra cuél.la valídcha, prégo

¿Cuánto tengo que pagar de derechos?
Quanto devo pagare per i diritti doganali?
¿cuánto dévo pagáre per i dirít.ti doganáli?

¿Vale?
Va bene?
¿va béne?

¿Dónde puedo cambiar dinero?
Dove posso cambiare i soldi?
¿dóve pósso cambiáre i sóldi?

¿Cuál es la cotización de ...?
Qual è la quotazione di ...?
¿cuál é la cuotatsióne di ...?

¿Puede cambiarme ... en ...?
Può cambiarmi ... in ...?
¿puó cambiármi ... in ...?

¿Dónde hay una parada de taxi?
Dov'è un posteggio taxi?
¿dové un postédcho táxi?

EN AVIÓN

Aeropuerto	Aeroporto	*aeropórto*
Pasajero	Passeggero	*passedchéro*
Información	Informazione	*informatsióne*
Facturación	Registrazione bagagli	*registratsióne bagálli*
Billete	Biglietto	*billét.to*
Líneas aéreas	Compagnie aeree	*compañíe aéree*
Vuelo	Volo	*vólo*
Llegadas	Arrivi	*arrívi*
Salidas	Partenze	*parténtse*
Avión	Aereo	*aéreo*
Piloto	Pilota	*pilóta*

Azafata	Hostess	*óstes*
Asiento	Posto	*pósto*
(No) fumador	(Non) fumatori	*(non) fumatóri*
Ventanilla	Finestrino	*finestríno*
Pasillo	Corridoio	*corridóio*
Tripulación	Equipaggio	*ecuipádcho*
Retraso	Ritardo	*ritárdo*

Exceso de equipaje
Eccesso di bagaglio
ec.chésso di bagállo

Recogida de equipaje
Ritiro bagagli
ritíro bagálli

Sala de espera
Sala d'attesa
sála dat.tésa

Vuelo suspendido
Volo cancellato
vólo canchel.láto

Puerta de embarque
Porta d'imbarco
pórta dimbárco

Tarjeta de embarque
Biglietto d'imbarco
billét.to d'imbárco

Chaleco salvavidas
Giubbotto di salvataggio
dchub.bót.to di salvatádcho

El vuelo con destino a ... (procedente de ...)
Il volo destinazione ... (proveniente da ...)
il vólo destinatsióne ... (proveniénte da ...)

Oficina de objetos perdidos
Ufficio oggetti smarriti
uffícho odchét.ti smarríti

¿Con qué antelación hay que estar en el aeropuerto?
Quanto tempo prima devo essere all'aeroporto?
¿cuánto témpo príma dévo éssere al.laeropórto?

¿Cómo puedo ir al aeropuerto?
Come posso andare all'aeroporto?
¿cóme pósso andáre al.laeropórto?

¿Cuánto peso está permitido?
Qual è il peso massimo autorizzato?
¿cuál é il péso mássimo autoritsáto?

¿A qué hora sale el avión para ...?
A che ora parte l'aereo per ...?
¿a qué óra párte laéreo per ...?

Se ruega a los pasajeros del vuelo ... embarquen por la puerta ...
È aperto l'imbarco per il volo ... all'uscita ...
é apérto limbárco per il vólo ... al.lushíta ...

Por favor, abróchense los cinturones
Per favore, allacciare le cinture
per favóre, al.lac.chāre le chintúre

Prohibido fumar
Vietato fumare
vietáto fumáre

Llegaremos dentro de quince minutos
Arriveremo fra quindici minuti
arriverémo fra cuíndichi minúti

Recojan su equipaje en la terminal
Ritirate i vostri bagagli al terminal
ritiráte i vóstri bagálli al términal

Se me ha perdido una maleta
Ho perso una valigia
ó pérso úna valídcha

EN TREN

Tren	Treno	*tréno*
Estación	Stazione	*statsióne*
Andén/Vía	Binario	*binário*
Vagón	Carrozza/ Vagone	*carrótsa/ vagóne*
Litera	Cuccetta	*cuc.chét.ta*
Compartimento	Scompartimento	*scompar-timénto*
Viajero	Viaggiatore	*viadchatóre*
Revisor	Controllore	*control.lóre*
Bolsa	Borsone	*borsóne*
Mochila	Zaino	*tsáino*
Maleta	Valigia	*valídcha*
Billete de ida	Biglietto di andata	*billét.to di andáta*

De ida y vuelta
Di andata e ritorno
di andáta e ritórno

Coche-cama
Vagoneletto
vagóne lét.to

Primera, segunda clase
Prima, seconda classe
príma, secónda clásse

Despacho de billetes
Biglietteria
billet.tería

Consigna
Deposito bagagli
depósito bagálli

Cuadro de horarios
Tabellone degli orari
tabel.lóne délli orári

AVE, tren directo, tren de cercanías
Pendolino, treno diretto, treno locale
pendolíno, tréno dirét.to, tréno locále

¿Cuánto cuesta un billete de ida y vuelta a ...?
Quanto costa un biglietto di andata e ritorno a ...?
¿cuánto cósta un billét.to di andáta e ritórno a ...?

¿Hay descuentos para niños/estudiantes/pensionistas?
C'è qualche sconto per bambini/studenti/pensionati?
¿ché cuálque scónto per bambíni/studénti/pensionáti?

Dos billetes para ...
Due biglietti per ...
dúe billét.ti per ...

¿Para qué tren?
Con quale treno?
¿con cuále tréno?

¿Es este el tren para ...?
È questo il treno per ...?
¿é cuésto il tréno per ...?

¿Hay un tren para ...?
C'è un treno per ...?
¿ché un tréno per ...?

¿A qué hora sale el tren para ...?
A che ora parte il treno per ...?
¿a qué ora párte il tréno per ...?

¿A qué hora llega a ...?
A che ora arriva a ...?
¿a qué ora arríva a ...?

¿De qué andén sale el tren para ...?
Da che binario parte il treno per...?
¿da qué binário párte il tréno per...?

¿Hay que hacer transbordo?
Bisogna cambiare treno?
¿bisóña cambiáre tréno?

¿Hay correspondencia con ...?
C'è la coincidenza con ...?
¿ché la coinchidéntsa con ...?

¿Para este tren en ...?
Si ferma questo treno a...?
¿si férma cuésto tréno a...?

¿Está ocupado/libre este asiento?
È occupato/libero questo posto?
¿é oc.cupáto/líbero cuésto pósto?

¿Cuál es la próxima estación?
Qual è la prossima stazione?
¿cuál é la próssima statsióne?

EN COCHE

Carretera	Strada	*stráda*
Autopista	Autostrada	*autostráda*
Peaje	Pedaggio	*pedádcho*
Carretera Nacional	Strada Statale	*stráda statále*
Cruce	Incrocio/ crocevia	*incrócho/ crochevía*
Paso a nivel	Passaggio a livello	*Passádcho a livél.lo*
Curva peligrosa	Curva pericolosa	*cúrva pericolósa*
Rodeo	Giro	*dchíro*
Desviación	Deviazione	*deviatsióne*
Obras	Lavori	*lavóri*

Dirección única
Senso unico
sénso único

Calle sin salida
Strada senza uscita
stráda séntsa ushíta

Paso de peatones
Strisce pedonali
stríshe pedonáli

Señal de tráfico
Segnale stradale
señále stradále

Ceda el paso
Precedenza
prechedéntsa

Límite de velocidad
Limite di velocità
límite di velochitá

Permiso de conducir
Patente di guida
paténte di güída

Coche	Macchina	*mác.quina*
Autobús	Autobus/ Pullman	*áutobus/ púlman*
Camión	Camion	*Cámion*
Furgoneta	Furgone	*furgóne*
Moto	Moto	*móto*
Bicicleta	Bicicletta	*bichiclét.ta*

¿Para ir a ..., por favor?
Per andare a ..., per favore?
¿per andáre a ..., per favore?

¿A qué distancia está?
Quanto dista?
¿cuánto dísta?

No está lejos. Hay unos ... km
Non è lontano. Ci sono circa ... km.
non é lontáno. chi sóno chírca ... quilómetri

Hay muchas curvas
Ci sono molte curve
chi sóno mólte cúrve

¿Es ésta la carretera para ...?
È questa la strada per...?
¿é cuésta la stráda per...?

¿Dónde puedo comprar un mapa de carreteras?
Dove posso comprare una cartina stradale?
¿dóve pósso compráre una cartína stradále?

¿Cuál es la mejor carretera para ir a la costa?
Qual è la strada migliore per andare alla costa?
¿cuál é la stráda millóre per andáre al.la cósta?

¿Cuánto tiempo se tarda en ir a ...?
Quanto tempo ci si mette per andare a ...?
¿cuánto témpo chi si mét.te per andáre a ...?

¿Puede indicarme qué dirección debo tomar para salir a la autopista?
Mi può indicare in che direzione devo andare per prendere l'autostrada?
¿mi puó indicáre in qué diretsióne dévo andáre per préndere lautostráda?

¿Puedo aparcar aquí?
Posso parcheggiare qui?
pósso parquedcháre cuí?

No hay aparcamiento
Non c'è il parcheggio
non ché il parquédcho

ALQUILER DE AUTOS

Quiero alquilar un coche
Voglio noleggiare una macchina
vóllo noledcháre una mác.quina

¿Cuál es el precio por Km. (por día)?
Qual è il prezzo per chilometro (per giorno)?
¿cuál é il prétso per quilómetro (per dchórno)?

¿Cuántos días?
Quanti giorni?
cuánti dchórni?

Seguro incluido
Assicurazione inclusa
assicuratsióne inclúsa

Son ...
Sono ...
sóno ...

¿Tengo que dejar un depósito?
Devo lasciare una cauzione?
¿dévo lasháre una cautsióne?

¿Puedo pagar con tarjeta?
Posso pagare con la carta di credito?
¿pósso pagáre con la cárta di crédito?

EN COCHE (SERVICIOS Y AVERÍAS)

Gasolinera	Stazione di servizio	*statsióne di servítsio*
Gasolina	Benzina	*bentsína*
Aire	Aria	*ária*
Aceite	Olio	*ólio*
Agua	Acqua	*ác.cua*
Depósito	Serbatoio	*serbatóio*
Taller	Officina	*offichína*
Avería	Guasto	*guásto*
Pinchazo	Foratura	*foratúra*
Matrícula	Targa	*tárga*
Retrovisor	Specchietto retrovisore	*spec.quiét.to retrovisóre*

Tubo de escape	Tubo di scappamento	*túbo di scap.paménto*
Faro	Faro	*fáro*
Intermitente	Freccia	*fréc.cha*
Piloto trasero	Fanale posteriore	*fanále posterióre*
Capó	Cofano	*cófano*
Maletero	Portabagaglio	*portabagállo*
Puerta	Sportello	*sportél.lo*
Parabrisas	Parabrezza	*parabrétsa*
Ventanilla	Finestrino	*finestríno*
Parachoques	Paraurti	*paraúrti*
Rueda	Ruota	*ruóta*
Neumático	Pneumatico	*pneumático*
Rueda de repuesto	Ruota di scorta	*ruóta di scórta*
Amortiguador	Ammortizzatore	*am.mortitsatóre*
Motor	Motore	*motóre*
Estárter	Starter	*stárter*
Carburador	Carburatore	*carburatóre*
Alternador	Alternatore	*alternatóre*
Guardabarros	Parafango	*parafángo*
Bobina	Bobina	*bobína*

Batería	Batteria	*bat.tería*
Bujía	Candela	*candéla*
Fusible	Fusibile	*fusíbile*
Pistón	Pistone	*pistóne*
Biela	Biella	*biél.la*
Cigüeñal	Collo d'oca	*cól.lo dóca*
Culata	Testata	*testáta*
Filtro	Filtro	*fíltro*
Embrague	Frizione	*fritsióne*
Cárter	Carter	*cárter*
Radiador	Radiatore	*radiatóre*
Volante	Volante	*volánte*
Acelerador	Acceleratore	*ac.cheleratóre*
Gato	Cric	*cric*
Herramientas	Arnesi	*arnési*

Palanca de cambio
Leva del cambio
léva del cámbio

Freno de mano
Freno a mano
fréno a máno

Caja de cambio
Scatola del cambio
scátola del cámbio

Pedal del freno
Pedale del freno
pedále del fréno

Piezas de repuesto
Pezzi di ricambio
pétsi di ricámbio

Llave de contacto
Chiave di accensione
quiáve di ac.chensióne

Junta de culata
Guarnizione della testata
guarnitsióne del.la testáta

Correa del ventilador
Cinghia del ventilatore
chínguia del ventilatóre

Primera, segunda, tercera ... (marcha)
Prima, seconda, terza ... (marcia)
príma, secónda, tértsa ... (márcha)

Marcha atrás
Marcia indietro
márcha indiétro

¿Hay una gasolinera cerca de aquí?
C'è un distributore di benzina qui vicino?
¿ché un distributóre di bentsína cuí vichíno?

Lleno, por favor
(Mi faccia) il pieno, per favore
(mi fác.cha) il piéno, per favóre

Veinte litros de gasolina sin plomo, por favor
Venti litri di benzina verde, per favore
vénti lítri di bentsína vérde, per favóre

¿Cuánto es?
Quanto è?
¿cuánto é?

Son ...
Sono ...
sóno ...

Revise los neumáticos
Controlli le gomme
contról.li le góm.me

Déme una lata de aceite, por favor
Mi dia una lattina d'olio, per favore
mi día una lat.tína dólio, per favóre

¿Cuánto tardarán en lavarlo?
Quanto ci metterete a lavarla?
¿cuánto chi met.teréte a lavárla?

¿Dónde hay un taller?
Dov'è un meccanico?
¿dové un mec.cánico?

Se me ha averiado el coche a ... km. de aquí
La macchina ha avuto un guasto a ... km. da qui
la mác.quina a avúto un guásto a ... quilómetri da cuí

¿Pueden remolcar mi coche?
Potete rimorchiare la macchina?
¿potéte rimorquiáre la mác.quina?

¿Qué le pasa?
Cos'ha?
¿cosá?

La batería está descargada
La batteria è scarica
la bat.tería é scárica

No arranca
Non mette in moto
non mét.te in móto

El radiador pierde
Il radiatore perde
il radiatóre pérde

Revise los frenos
Controlli i freni
contról.li i fréni

No funciona el embrague
Non funziona la frizione
non funtsióna la fritsióne

La correa del ventilador está rota
La cinghia del ventilatore è rotta
la chínguia del ventilatóre è rót.ta

Se han fundido los fusibles
I fusibili si sono bruciati
*i fusíbili si sóno bruchát*i

¿Pueden arreglarlo ahora?
Potete riparare la macchina subito?
¿potéte riparáre la mác.quina súbito?

¿Cuánto tardarán en arreglarlo?
Quanto ci metterete a ripararla?
¿cuánto ci met.teréte a riparárla?

Por favor, repárelo lo antes posible
Per favore, la ripari prima possibile
per favóre, la ripári príma possíbile

Hay que pedir repuestos
Dobbiamo ordinare i pezzi di ricambio
dob.biámo ordináre i pétsi di ricámbio

Ya está arreglado
È già pronta
é dcha prónta

¿Puede Vd. ayudarme?
Mi può aiutare?
¿mi puó aiutáre?

Ha habido un accidente a ... km. de aquí
C'è stato un incidente a ... km da qui
chestáto un inchidénte a ... quilómetri da cuí

¿Dónde está el hospital más próximo?
Dov'è l'ospedale più vicino?
dov'é lospedále piú vichíno?

Hay que llamar a una ambulancia
Bisogna chiamare un' ambulanza
bisóña quiamáre un ambulántsa

Aquí está mi póliza de seguros y los papeles del coche
Ecco la mia polizza di assicurazione e i documenti della macchina
éc.co la mía pólitsa di assicuratsióne e i documénti del.la mác.quina

EN BARCO

Barco	Nave	*náve*
Puerto	Porto	*pórto*
Muelle	Banchina	*banquína*
Yate	Yacht	*iót*
Transbordador	Traghetto	*traguét.to*
Cubierta	Coperta	*copérta*
Hamaca	Sedia a sdraio	*sédia asdráio*
Camarote	Cabina	*cabína*
Bodega	Stiva	*stíva*
Proa	Prua	*prúa*
Popa	Poppa	*póp.pa*
Babor	Sinistra	*sinístra*
Estribor	Dritta	*drít.ta*

Crucero	Crociera	*crochéra*
Capitán	Capitano	*capitáno*
Marinero	Marinaio	*marináio*
Atracar	Attraccare	*at.trac.cáre*
Hacer escala	Fare scalo	*fáre scálo*

¿Por dónde se va al puerto?
Da che parte si va al porto?
¿da qué párte si va al pórto?

¿A qué hora sale el barco para ...?
A che ora parte la nave per?
¿a qué óra párte la náve per...?

Quiero dos pasajes de primera clase para ...
Voglio due biglietti di prima classe per ...
vóllo due billét.ti di príma clásse per ...

Quiero dos camarotes/dos pasajes de cubierta
Voglio due cabine/due biglietti in coperta
vóllo dúe cabíne/dúe billét.ti in copérta

¿Cuál es el nombre del barco?
Come si chiama la nave?
¿cóme si quiáma la náve?

¿Cuánto dura la travesía?
Quanto dura la traversata?
¿cuánto dúra la traversáta?

¿Puede darme algunas etiquetas para el equipaje?
Può darmi qualche etichetta per il bagaglio?
¿puó dármi cuálque etiquét.ta per il bagállo?

¿De qué muelle sale el barco?
Da che banchina parte la nave?
¿da qué banquína párte la náve?

¿Dónde están nuestros camarotes?
Dove sono le nostre cabine?
¿dóve sóno le nóstre cabíne?

¿Dónde está el restaurante?
Dov'è il ristorante?
¿dové il ristoránte?

¿Hay tiempo para desembarcar?
Abbiamo il tempo per sbarcare?
¿ab.biámo il témpo per sbarcáre?

Estoy mareado. ¿Tiene Vd. algo contra el mareo?
Ho mal di mare. Ha qualche cosa contro il mal di mare?
ó mal di máre. ¿á cualcósa cóntro il mal di máre?

MEDIOS DE TRANSPORTE URBANO

Autobús	Autobus	*áutobus*
Metro	Metro	*métro*
Taxi	Taxi	*táxi*
Tranvía	Tram	*tram*
Billete	Biglietto	*Billét.to*
Línea	Linea	*línea*
Horario	Orario	*orário*

Parada de autobús
Fermata dell'autobus
fermáta del.láutobus

Parada solicitada
Fermata a richiesta
fermáta a riquiésta

¿Qué autobús/tranvía/metro tengo que coger para ir a ...?
Che autobus/tram/metro devo prendere per andare a ...?
¿qué áutobus/tram/métro dévo préndere per andáre a ...?

¿Dónde para el autobús nº ...?
Dove si ferma l'autobus nº ...?
¿dóve si férma láutobus número ...?

¿Pasa este autobús por ...?
Questo autobus passa per ...?
¿cuésto áutobus pássa per ...?

¿Con qué frecuencia pasa el autobús?
Con quale frequenza passa l'autobus?
¿con cuále frecuéntsa pássa l'áutobus?

¿Cuánto cuesta un billete de ida?
Quanto costa un biglietto di andata?
¿cuánto cósta un billét.to di andáta?

Dos billetes, por favor
Due biglietti, per favore
dúe billét.ti, per favóre

¿Dónde tengo que bajarme para ir a ...?
Dove devo scendere per andare a ...?
¿dóve dévo shéndere per andáre a ...?

¿Está ocupado/libre este asiento?
È occupato/libero questo posto?
¿é oc.cupáto/líbero cuésto pósto?

¿Dónde puedo encontrar un taxi?
Dove posso trovare un taxi?
¿dóve pósso trováre un táxi?

¿Cuánto cuesta un taxi hasta el aeropuerto?
Quanto costa un taxi fino all'aeroporto?
¿cuánto cósta un táxi fino al.l'aeropórto?

¿Cuál es la tarifa para ...?
Qual è la tariffa fino a ...?
¿cuál é la taríffa fino a ...?

Libre/Ocupado
Libero/Occupato
líbero/oc.cupáto

Lléveme a la calle ...
Mi porti in via ...
mi pórti in vía ...

¿Sabe Vd. dónde está ...?
Lei sa dov'è ...?
¿léi sa dové ...?

Pare aquí, por favor
Si fermi qui, per favore
si férmi cuí, per favóre

¿Cuánto es?/¿Qué le debo?
Quant'è?/Quanto pago?
¿cuanté?/¿cuánto págo?

Quédese con la vuelta
Si tenga il resto
si ténga il résto

HOTELES

LA LLEGADA

Hotel	Albergo	*albérgo*
Pensión	Pensione	*pensióne*
Albergue	Ostello	*ostél.lo*
Recepción	Reception	*risépshon*
Recepcionista	Receptionist	*risépshonist*
Portero	Portiere	*portiére*
Huésped	Ospite	*óspite*
Llave	Chiave	*quiáve*
Propina	Mancia	*máncha*
Ascensor	Ascensore	*ashensóre*
Planta	Piano	*piáno*
Comedor	Sala da pranzo	*sála da prántso*

Cuarto de baño	Bagno	*báño*
Estancia	Soggiorno	*sodchórno*
Alojamiento	Alloggio	*al.lódcho*
Calefacción	Riscaldamento	*riscaldaménto*

Aire acondicionado
Aria condizionata
ária conditsionáta

Temporada alta /baja
Alta/bassa stagione
álta/bássa stadchóge

Habitación individual/doble/con dos camas
Camera singola/doppia/a due letti
cámera síngola/dóp.pia/a dúe lét.ti

Con desayuno/media pensión/pensión completa
Con la prima colazione/mezza pensione/pensione completa
con la príma colatsióne/métsa pensióne/pensióne compléta

¿Tienen Vds. habitaciones libres?
Avete camere libere?
¿avéte cámere líbere?

Tenemos reservada una habitación a nombre de ...
Abbiamo prenotato una camera a nome di ...
ab.biámo prenotáto úna cámera a nóme di ...

Quisiera una habitación con vistas al lago
Vorrei una camera con vista sul lago
vorréi una cámera con vísta sul lágo

Quiero una habitación doble con baño y teléfono
Voglio una cámera doppia con bagno e teléfono
vóllo úna cámera dóp.pia con báño e teléfono

¿Con desayuno incluido?
Compresa la prima colazione?
¿comprésa la príma colatsióne?

¿Cuál es el precio?
Qual è il prezzo?
¿cuál é il prétso?

Son ..., I.V.A. incluido
Sono ..., I.V.A. compresa
sóno ..., íva comprésa

Su habitación es la número ... en la tercera planta, al fondo del pasillo
La sua camera è la numero ... al terzo piano, in fondo al corridoio
la súa cámera é la número ... al tértso piáno, in fóndo al corridóio

¿Quieren ver la habitación?
Volete vedere la camera?
¿voléte vedére la cámera?

Está bien. Nos quedamos con ella
Va molto bene. La prendiamo
va mólto béne. La prendiámo

Es demasiado pequeña. ¿No tienen otra más amplia?
È troppo piccola. Non ne avete un'altra più spaziosa?
é tróp.po píc.cola ¿non ne avéte unáltra piú spatsiósa?

Tiene Vd. que rellenar la hoja de registro
Lei deve compilare la scheda di registrazione
léi déve compiláre lasquéda di redchistratsióne

¿Cuántos días piensan quedarse?
Quanti giorni pensate di rimanere?
¿cuánti dchórni pensáte di rimanére?

Hasta el ... a mediodía
Vi aspetto il ... a mezzogiorno
vi aspét.to il ... a metsodchórno

Haga el favor de despertarme a las siete
Vorrei avere la sveglia alle sette, per favore
vorréi avére lasvélla al.le sét.te, per favóre

LA ESTANCIA

Cama	Letto	*lét.to*
Colchón	Materasso	*materásso*
Almohada	Cuscino	*cushíno*
Manta	Coperta	*copérta*
Sábanas	Lenzuola	*lentsuóla*
Grifo	Rubinetto	*rubinét.to*
Cenicero	Portacenere	*portachénere*

Caja fuerte	Cassetta di sicurezza	*cassét.ta di sicurétsa*
Queja	Lamentela	*lamentéla*
Toalla	Asciugamano	*ashugamáno*
Jabón	Sapone	*sapóne*
Vaso	Bicchiere	*bic.quiére*
No molestar	Non disturbare	*non disturbáre*
Para lavar	Da lavare	*da laváre*

¿Pueden servirnos el desayuno en la habitación?
Potete portarci la prima colazione in camera?
¿potéte portárchi la príma colatsióne in cámera?

Por favor, pláncheme estas camisas
Per favore, mi stiri queste camicie
per favóre, mistíri cuéste camíche

¿Tienen un plano?
Avete una piantina della città?
¿avéte una piantína del.la chit.tà?

¿Puedo consultar la guía telefónica?
Posso consultare l'elenco telefonico?
¿pósso consultáre lelénco telefónico?

Deseo hacer una llamada
Vorrei fare una telefonata
vorréi fáre úna telefonáta

El aire acondicionado no funciona
L'aria condizionata non funziona
lária conditsionáta non funtsióna

No hay agua caliente
Non c'è acqua calda
non ché ác.cua cálda

¿Dónde puedo echar estas cartas?
Dove posso imbucare queste lettere?
¿dóve pósso imbucáre cuéste lét.tere?

¿Pueden pedirme un taxi, por favor?
Potete chiamarmi un taxi, per favore?
¿potéte quiamármi un táxi, per favóre?

Quiero un guía que hable español
Voglio una guida che parli spagnolo
vóllo úna güída que párli spañólo

Quiero alquilar un coche
Voglio noleggiare una macchina
vóllo noledcháre una mác.quina

¿Hay garaje en el hotel?
C'è un garage in albergo?
¿ché un garásh in albérgo?

EL DESAYUNO

Café	Caffè	*caffé*
Té	Tè	*te*
Leche	Latte	*lát.te*
Chocolate	Cioccolata	*choc.coláta*
Pan	Pane	*páne*
Mantequilla	Burro	*búrro*
Yogur	Yogurt	*iógurt*
Huevo	Uovo	*uóvo*
Tostada	Pan tostato	*pan tostáto*
Mermelada	Marmellata	*marmel.láta*
Miel	Miele	*miéle*
Cereales	Cereali	*chereáli*
Queso	Formaggio	*formádcho*
Fiambres	Salumi	*salúmi*

Zumo de naranja
Spremuta d'arancia
spremúta daráncha

¿A qué hora se sirve el desayuno?
A che ora si serve la prima colazione?
¿a qué óra si sérve la príma colatsióne?

El comedor está cerrado a esta hora
La sala da pranzo è chiusa a quest'ora
la sála da prántso é quiúsa a cuestóra

Cárguelo en mi cuenta
Me lo metta sul conto
me lo mét.ta sul cónto

LA SALIDA

Nos vamos el ...
Partiamo il ...
partiámo il ...

¿Puede prepararme la cuenta?
Mi può preparare il conto?
¿mi puó preparáre il cónto?

¿Está todo incluido?
È tutto compreso?
¿é tút.to compréso?

¿Puedo dejar aquí mi equipaje hasta mediodía?
Posso lasciare qui il mio bagaglio fino a mezzo-giorno?
¿pósso lasháre cuí il mío bagállo fino a metso-dchórno?

¡Buen viaje!
Buon viaggio!
¡buón viádcho!

¡Muchas gracias por todo!
Grazie tante di tutto!
¡grátsie tánte di tút.to!

BARES Y RESTAURANTES

¿Hay un restaurante/bar cerca de aquí?
C'è qualche ristorante/bar qui vicino?
¿ché cuálque ristoránte/bar cuí vichíno?

¿Puede recomendarme un restaurante?
Può consigliarmi un ristorante?
¿puó consillármi un ristoránte?

Quiero un/una ...
Voglio un/una ...
vóllo un/úna ...

¿Qué desea tomar?
¿Cosa prende?
¿cósa prénde?

¿Tienen platos calientes?
Avete piatti caldi?
¿avéte piát.ti cáldi?

¿Qué tipo de ... tienen?
Che tipo di ... avete?
¿qué típo di ... avéte?

¿Dónde podemos sentarnos?
Dove ci possiamo sedere?
¿dóve chi possiámo sedére?

¿Puede traernos otro/a ...?
Può portarci un altro/a ...?
¿puó portárchi un áltro/a ...?

¿Tienen teléfono?
Avete il telefono?
¿avéte il teléfono?

¿Donde están los servicios?
Dov'è il bagno?
¿dové il báño?

La cuenta, por favor
Il conto, per favore
il cónto, per favóre

¿Cuánto es?
Quant'è?
¿cuanté?

BEBIDAS

Café con leche	Caffellatte	*caffel.lát.te*
Café solo	Caffé	*caffé*
Cerveza	Birra	*bírra*
Caña	Birra alla spina	*bírra ál.la spína*
Jarra	Boccale	*boc.cále*

Leche fría/caliente
Latte freddo/caldo
lát.te fréd.do/cáldo

Té con limón/leche
Tè al limone/al latte
té al limóne/al lát.te

Chocolate caliente
Cioccolata calda
choc.coláta cálda

Zumo de naranja
Spremuta d'arancia/succo d'arancia
spremúta daráncha/súc.co daráncha

Agua mineral con gas/sin gas
Acqua minerale gassata/non gassata
ác.cua minerále gassáta/non gassáta

Un vaso de ...
Un bicchiere di ...
un bic.quiére di ...

Una taza de ...
Una tazza di ...
úna tátsa di ...

LA MESA

Mesa	Tavolo/tavola	*távolo/távola*
Silla	Sedia	*sédia*
Mantel	Tovaglia	*toválla*
Servilleta	Tovagliolo	*tovallólo*
Plato	Piatto	*piát.to*
Cuchara	Cucchiaio	*cuc.quiáio*
Tenedor	Forchetta	*forquét.ta*
Cuchillo	Coltello	*coltél.lo*
Cucharilla	Cucchiaino	*cuc.quiaíno*
Vaso	Bicchiere	*bic.quiére*
Taza	Tazza	*tátsa*
Copa	Bicchiere/ Calice	*bic.quiére/ cáliche*
Cenicero	Portacenere	*portacénere*

Camarero	Cameriere	*cameriére*
Cuenta	Conto	*cónto*
Propina	Mancia	*máncha*

¿Puede recomendarme un restaurante típico?
Mi può consigliare un ristorante tipico?
¿mi puó consilláre un ristoránte típico?

Una mesa para dos, por favor
Un tavolo per due, per favore
un távolo per dúe, per favóre

Quisiera reservar una mesa para... personas para las ...
Vorrei prenotare un tavolo per ... persone per le ...
vorréi prenotáre un távolo per ... persóne per le ...

¿Podemos tener ...
Possiamo avere...
possiámo avére ...

una mesa cerca de la ventana?
un tavolo vicino alla finestra?
un távolo vichíno al.la finéstra?

una mesa en la terraza?
un tavolo in terrazza?
un távolo in terrátsa?

una mesa en el rincón?
un tavolo nell'angolo?
un távolo nel.lángolo

¿Está reservada esta mesa?
È prenotato questo tavolo?
¿é prenotato cuésto távolo?

¿Podemos sentarnos aquí?
Possiamo sederci qui?
¿possiámo sedérchi cuí?

Estoy esperando a unos amigos
Aspetto degli amici
aspét.to délli amíchi

¿Puede traerme un aperitivo?
Mi porta un aperitivo?
mi pórta un aperitívo?

¿Puede traernos la carta?
Ci può portare il menu?
¿chi puó portáre il menú?

¿Tiene una carta de vinos?
Ha la lista dei vini?
¿á la lísta dei víni?

¿Puede recomendarme algo especial?
Può consigliarmi qualcosa di speciale?
¿puó consillármi cualcósa dispechále?

¿Cuál es la especialidad de la casa?
Qual è la specialità della casa?
¿cuál é laspechalitá del.la cása?

¿Qué vino me recomienda?
Che vino mi consiglia?
¿qué víno mi consílla?

¿Cuáles son los ingredientes de este plato?
Quali sono gli ingredienti di questo piatto?
¿cuáli sóno lli ingrediénti di cuésto piát.to?

¿Qué les sirvo?
Che cosa prendono?
¿qué cósa préndono?

Tráigame (tráiganos) ...
Mi porti (ci porti) ...
mi pórti (chi pórti) ...

Primer plato
Primo piatto
prímo piát.to

Segundo plato
Secondo piatto
secóndo piát.to

De primero ...
Di primo ...
di prímo ...

De segundo ...
Di secondo ...
di secóndo ...

Está bien, gracias
Basta così, grazie
básta cosí, grátsie

Más, por favor
Ancora un po', per favore
ancóra un pó, per favóre

¿Puede traer ...
Può portare ...
¿puó portáre ...

otro vaso?
un altro bicchiere?
un áltro bic.quiére?

más pan?
altro pane?
áltro páne?

sal y pimienta?
sale e pepe?
sále e pépe?

Esta sopa está fría. ¿Puede calentármela?
Questa minestra è fredda. Me la può riscaldare?
cuésta minéstra é fréd.da.¿me la puó riscaldáre?

La carne está poco hecha. ¿Puede pasarla un poco más?
La carne è poco cotta. La potete cuocere ancora un po'?
la cárne é póco cót.ta. ¿la potéte cuóchere ancóra un pó?

¿Qué tienen de postre?
Che cosa avete di frutta/dolce?
¿qué cósa avéte di frút.ta/dólche?

¿Tomarán café?
Prendono caffé?
¿préndono caffé?

La cuenta, por favor
Il conto, per favore
il cónto, per favóre

¿Puedo pagar con tarjeta?
Posso pagare con la carta di credito?
¿pósso pagáre con la cárta di crédito?

Necesito la factura
Mi serve la ricevuta
mi sérve la richevúta

Quédese con la vuelta
Si tenga il resto
si ténga il résto

Por favor, ¿me da fuego?
Per favore, mi fa accendere?
per favóre, mi fa ac.chéndere?

TÉRMINOS CULINARIOS

Frito	Fritto	*frít.to*
Hervido	Lesso/Bollito	*lésso/bol.líto*
Asado	Arrosto	*arrósto*
Flambeado	Flambé	*flambé*
Tostado	Tostato	*tostáto*
Al horno	Al forno	*al fórno*
Picante	Piccante	*pic.cánte*
Crudo	Crudo	*crúdo*
Agrio	Agro	*ágro*
Ahumado	Affumicato	*affumicáto*
Salado	Salato	*saláto*
Soso	Insipido	*insípido*
Poco hecho	Al sangue	*al sángüe*
En su punto	Al punto giusto	*al púnto dchústo*
Muy hecho	Ben cotta	*ben cót.ta*

CONDIMENTOS

Sal	Sale	*sále*
Pimienta	Pepe	*pépe*
Especia	Spezie	*spétsie*

Aceite	Olio	*ólio*
Salsa	Salsa/Sugo	*sálsa/súgo*
Mostaza	Senape	*sénape*
Mayonesa	Maionese	*maionése*
Pimentón	Paprika	*páprika*

ENTREMESES

Mantequilla	Burro	*búrro*
Pan	Pane	*páne*
Aceitunas	Olive	*olíve*
Queso	Formaggio	*formádcho*
Jamón	Prosciutto	*proshút.to*
Embutidos	Salumi	*salúmi*

HUEVOS

Frito	Fritto	*frít.to*
Pasado por agua	À la coque	*a la cóc*
Duro	Sodo	*sódo*
Revuelto	Strapazzato	*strapatsáto*
Tortilla	Frittata	*frit.táta*
Al plato	Al tegame	*al tegáme*

CARNE

Ternera	Vitella	*Vitél.la*
Cerdo	Maiale	*maiále*
Cordero	Agnello	*añél.lo*
Buey	Manzo	*mántso*
Pollo	Pollo	*pól.lo*
Pato	Anatra	*ánatra*
Hígado	Fegato	*fégato*
Riñones	Rognoni	*roñóni*
Carne picada	Carne tritata	*cárne tritáta*
Chuleta	Costata	*costáta*
Filete	Fettina	*fet.tína*
Solomillo	Filetto	*filét.to*
Asado	Arrosto	*arrósto*

PESCADO Y MARISCO

Sardina	Sardina	*sardína*
Anchoa	Acciuga	*ac.chúga*
Atún	Tonno	*tón.no*
Lenguado	Sogliola	*sóllola*
Merluza	Merluzzo	*merlútso*
Bacalao	Baccalà	*bac.calá*

Salmón	Salmone	*salmóne*
Salmonete	Triglia	*trílla*
Caballa	Scombro	*scómbro*
Anguila	Anguilla	*angüíl.la*
Arenque	Arínga	*arínga*
Trucha	Trota	*tróta*
Gamba/ Langostino	Gamberetto	*gamberét.to*
Langosta	Aragosta	*aragósta*
Mejillón	Cozza	*cótsa*
Ostra	Ostrica	*óstrica*
Cangrejo	Granchio	*gránquio*

VERDURAS

Lechuga	Lattuga/ Insalata	*lat.túga/ insaláta*
Tomate	Pomodoro	*pomodóro*
Patata	Patata	*patáta*
Pepino	Cetriolo	*chetriólo*
Cebolla	Cipolla	*chipól.la*
Ajo	Aglio	*állo*
Pimiento	Peperone	*peperóne*
Zanahoria	Carota	*caróta*

Espinacas	Spinaci	*spináchi*
Espárrago	Asparago	*aspárago*
Berenjena	Melanzana	*melantsána*
Seta	Fungo	*fúngo*
Alcachofa	Carciofo	*carchófo*
Col	Cavolo	*cávolo*
Coliflor	Cavolfiore	*cavolfióre*
Judías verdes	Fagiolini	*fadcholíni*
Apio	Sedano	*sédano*
Puerro	Porro	*pórro*
Guisantes	Piselli	*pisél.li*
Maíz	Mais	*máis*
Remolacha	Barbabiétola	*barbabiétola*

FRUTAS Y POSTRES

Naranja	Arancia	*aráncha*
Limón	Limone	*limóne*
Pomelo	Pompelmo	*pompélmo*
Manzana	Mela	*méla*
Pera	Pera	*péra*
Melocotón	Pesca	*pésca*
Ciruela	Prugna	*prúña*

Albaricoque	Albicocca	*albicóc.ca*
Cereza	Ciliegia	*chiliédcha*
Fresa	Fragola	*frágola*
Frambuesa	Lampone	*lampóne*
Uva	Uva	*úva*
Plátano	Banana	*banána*
Melón	Melone	*melóne*
Piña	Ananas	*ánanas*
Pastel	Pasticcino	*pastic.chíno*
Tarta	Torta	*tórta*
Helado	Gelato	*dcheláto*
Nata	Panna	*pán.na*
Natillas	Crema	*créma*
Queso	Formaggio	*formádcho*

Macedonia de frutas
Macedonia di frutta
macedónia di frút.ta

Arroz con leche
Riso al latte dolce
ríso al lát.te dólche

BEBIDAS

Agua	Acqua	*ác.cua*
Gaseosa	Gassosa	*gassósa*
Vino	Vino	*víno*
Blanco	Bianco	*biánco*

Tinto	Rosso	*rósso*
Rosado	Rosato	*rosáto*
Seco	Secco	*séc.co*
Dulce	Dolce	*dólche*
Champán	Spumante	*spumánte*
Ron	Rhum	*rum*
Ginebra	Gin	*dchin*
Aguardiente	Acquavite	*ac.cuavíte*
Licor	Liquore	*licuóre*
Anís	Anisetta	*anisét.ta*

PLATOS TÍPICOS

Spaghetti alla carbonara *(spaguét.ti al.la carbonára).*Con beicon y huevo.

Tortellini alla panna *(tortel.líni al.la pán.na).* Pasta rellena de carne, con nata.

Lasagna al forno *(lasáña al fórno)*. Capas de pasta con ragú, bechamel y gratinado al horno.

Cannelloni *(can.nel.lóni)*. Rollos de pasta rellenos de carne, gratinados al horno.

Risotto alla Milanese *(risót.to al.la milanése)*. Arroz cocinado en mantequilla, cebolla, vino blanco y azafrán

Bistecca alla Fiorentina *(bistéc.ca al.la fiorentína)*. Chuleta gruesa poco hecha.

Pizza Margherita *(pítsa margueríta)*. Pizza con tomate, mozzarella y albahaca.

Parmigiana di Melanzane *(parmidchána di melantsáne)*. Capas de berenjenas al horno con tomate y mozzarella y gratinadas

Pappardelle ai funghi *(pap.pardél.le ai fúngui)*. Tallarines anchos con setas.

Tiramisù *(tiramisú)*. Dulce a base de bizcocho bañado en café, mascarpone, huevos y cacao amargo.

DE COMPRAS

TIENDAS

Carnicería	Macelleria	*machel.lería*
Charcutería	Salumeria	*salumería*
Estanco	Tabaccheria	*tabac.quería*
Farmacia	Farmacia	*farmachía*
Ferretería	Ferramenta	*ferraménta*
Floristería	Fioraio	*fioráio*
Frutería	Fruttivendolo	*frut.tivéndolo*
Grandes almacenes	Grandi magazzini	*grándi magatsíni*
Herboristería	Erboristeria	*erboristería*
Joyería	Gioielleria	*dchoiel.lería*
Lavandería	Lavanderia	*lavandería*
Librería	Libreria	*librería*
Mercado	Mercato	*mercáto*
Panadería	Panetteria	*panet.tería*
Pastelería	Pasticceria	*pastic.chería*
Peluquería	Parrucchiere	*parruc.quiére*
Perfumería	Profumeria	*profumería*
Pescadería	Pescheria	*pesquería*
Óptica	Ottica	*ót.tica*

Papelería	Cartoleria	*cartolería*
Supermercado	Supermercato	*supermercáto*
Tienda de fotos	Fotografo	*fotógrafo*
Tienda de comestibles	Alimentari	*alimentári*
Zapatería	Negozio di scarpe	*negótsio di scárpe*
Antigüedades	Antiquariato	*anticuariáto*
Artesanía	Artigianato	*artidchanáto*
Recuerdos	Souvenir/ Ricordi	*suvenír/ ricórdi*
Abierto	Aperto	*apérto*
Cerrado	Chiuso	*quiúso*
Caja	Cassa	*cássa*
Entrada	Entrata	*entráta*
Salida	Uscita	*ushíta*
Tirar	Tirare	*tiráre*
Empujar	Spingere	*spíndchere*
Escaparate	Vetrina	*vetrína*
Mostrador	Banco	*bánco*
Dependiente/a	Commesso/a	*com.mésso/a*

Salida de emergencia
Uscita di sicurezza
ushíta di sicurétsa

No se admiten cheques
Assegni non ammessi
asséñi non am.méssi

Libro de reclamaciones
Libro di reclami
líbro di reclámi

Déme ...
Mi dia ...
mi día ...

Quería/quisiera ...
Volevo/vorrei ...
volévo/vorréi ...

EN UNA LIBRERÍA/QUIOSCO

Libro	Libro	*líbro*
Diccionario	Dizionario	*ditsionário*
Novela	Romanzo	*romántso*
Postal	Cartolina	*cartolína*
Periódico	Giornale	*dchornále*
Revista	Rivista	*rivísta*

Bolígrafo	Penna	*pén.na*
Pluma	Penna stilografica	*pén.na stilográfica*
Lápiz	Matita	*matíta*
Rotulador	Pennarello	*pen.narél.lo*
Sobre	Busta	*bústa*
Papel de carta	Carta da lettere	*cárta da lét.tere*
Guía	Guida	*güída*
Mapa	Carta geografica	*cárta geográfica*
Plano	Piantina	*piantína*

¿Tiene periódicos/revistas/libros españoles?
Ha giornali/riviste/libri spagnoli?
¿á dchornáli/rivíste/líbri spañóli?

¿Dónde puedo comprar un mapa de carreteras?
Dove posso comprare una cartina stradale?
¿dóve pósso compráre úna cartína stradále?

Estoy buscando un libro sobre ... ¿Puede ayudarme?
Sto cercando un libro su ... Mi può aiutare?
stó chercándo un líbro su ... ¿mi puó aiutáre?

Quisiera un libro sobre la historia y el arte de esta ciudad
Vorrei un libro sulla storia e l'arte di questa citta
vorréi un líbro sul.la stória e lárte di cuésta chit.tà

¿Está traducido al español?
È stato tradotto in spagnolo?
¿é státo tradót.to inspañólo?

EN UNA FARMACIA

Receta	Ricetta	*richét.ta*
Pastilla	Pastiglia	*pastílla*
Píldora	Pillola	*píl.lola*
Jarabe	Sciroppo	*shiróp.po*
Pomada	Pomata	*pomáta*
Supositorio	Supposta	*sup.pósta*
Laxante	Lassativo	*lassatívo*
Calmante	Calmante	*calmánte*
Inyección	Iniezione	*inietsióne*
Venda	Benda	*bénda*

Tiritas	Cerotti	*cherót.ti*
Algodón	Cotone	*cotóne*
Gasa	Garza	*gártsa*
Alcohol	Alcol	*álcol*
Termómetro	Termometro	*termómetro*
Compresas	Assorbenti	*assorbénti*
Pañales	Pannolini	*pan.nolíni*
Pasta de dientes	Dentifricio	*dentifrícho*
Cepillo de dientes	Spazzolino da denti	*spatsolíno da dénti*
Pañuelos de papel	Fazzoletti di carta	*fatsolét.ti di cárta*

Farmacia de guardia
Farmacia di turno
farmachía di túrno

¿Puede darme algo contra ...?
Può darmi qualcosa contro ...?
¿puó dármi cualcósa cóntro ...?

la fiebre	a febbre	*la féb.bre*
el resfriado	il raffreddore	*il raffred.dóre*
la tos	la tosse	*la tósse*
Dolor de cabeza	Mal di testa	*mal di tésta*
Dolor de muelas	Mal di denti	*mal di dénti*

Diarrea	Dissenteria	*dissentería*
Estreñimiento	Stitichezza	*stitiquétsa*
Mareo	Capogiri/ Mal di mare	*capodchíri/ mal di máre*
Insomnio	Insonnia	*insón.nia*
Quemadura	Bruciatura	*bruchatúra*
Picadura	Puntura	*puntúra*
Insolación	Insolazione	*insolatsióne*

EN UNOS GRANDES ALMACENES

Escaleras	Scale	*scále*
Escaleras mecánicas	Scala mobile	*scála móbile*
Ascensor	Ascensore	*ashensóre*
Estantería	Scaffale	*scaffále*
Probador	Cabina	*cabína*
Rebajas	Saldi	*sáldi*
Planta baja	Piano terra	*piáno térra*

Primera, segunda ..., planta
Primo, secondo ..., piano
prímo, secóndo ..., piáno

Sección de discos/regalos/juguetes/deportes ...
Reparto dischi/regali/giocattoli/sport ...
repárto dísqui/regáli/dchocát.toli/sport ...

ROPA Y ACCESORIOS

Abrigo	Cappotto	*cap.pót.to*
Impermeable/ gabardina	Impermeabile	*impermeábile*
Pantalones	Pantaloni	*pantalóni*
Vaqueros	Jeans	*dchins*
Pantalones cortos	Pantaloncini	*pantalonchíni*
Jersey	Maglione	*mallóne*
Chaqueta	Giacca	*dchác.ca*
Camiseta	Maglietta/ Maglia intima	*mallét.ta/ málla íntima*
Chaleco	Gilet	*dchilé*
Calzoncillos	Mutande	*mutánde*
Calcetines	Calzini	*caltsíni*
Corbata	Cravatta	*cravát.ta*
Camisa	Camicia	*camícha*
Blusa	Camicetta	*camichét.ta*

Falda	Gonna	*gón.na*
Rebeca	Cardigan	*cárdigan*
Traje	Abito/ Completo	*ábito/ compléto*
Vestido	Vestito	*vestíto*
Traje de noche	Abito da sera	*ábito da séra*
Sujetador	Reggiseno	*redchiséno*
Medias/Pantys	Calze/Collant	*cáltse/col.lánt*
Bragas	Mutandine	*mutandíne*
Bata	Vestaglia	*vestálla*
Pijama	Pigiama	*pidcháma*
Camisón	Camicia da notte	*camícha da nót.te*
Guantes	Guanti	*guánti*
Bufanda	Sciarpa	*shárpa*
Paraguas	Ombrello	*ombrél.lo*
Pañuelo	Fazzoletto/ Foulard	*fatsolét.to/ fulár*
Cinturón	Cintura	*chintúra*
Bolso	Borsetta	*borsét.ta*
Monedero	Portamonete	*portamonéte*
Cartera	Portafoglio	*portafóllo*
Sombrero	Cappello	*cap.pél.lo*

Abanico	Ventaglio	*ventállo*
Anillo	Anello	*anél.lo*
Pendiente	Orecchino	*orec.quíno*
Pulsera	Braccialetto	*brac.chalét.to*
Bañador	Costume da bagno	*costúme da báño*
Chándal	Tuta da ginnastica	*túta da dchin.nástica*

Materiales

Algodón	Cotone	*cotóne*
Piel	Pelle	*pél.le*
Lino	Lino	*líno*
Lana	Lana	*lána*
Terciopelo	Velluto	*vel.lúto*
Seda	Seta	*séta*
Viscosa	Viscosa	*viscósa*
Nilón	Nylon	*náilon*
Raso	Raso	*ráso*

Colores

Blanco	Bianco	*biánco*
Negro	Nero	*néro*
Rojo	Rosso	*rósso*

Azul	Azzurro	*atsúrro*
Amarillo	Giallo	*dchál.lo*
Marrón	Marrone	*marróne*
Verde	Verde	*vérde*
Gris	Grigio	*grídcho*
Malva	Malva	*málva*
Morado	Viola cardinale	*vióla cardinále*
Naranja	Arancione	*aranchóne*
Rosa	Rosa	*rósa*
Claro	Chiaro	*quiáro*
Oscuro	Scuro	*scúro*

¿En qué planta está la sección de deporte?
A che piano è il reparto sport?
¿a qué piáno é il repárto sport?

En la planta baja
Al piano terra
al piáno térra

Quisiera ver algunas camisas de rayas
Vorrei vedere alcune camicie a righe
vorréi vedére alcúne camíche a rígue

La quiero de manga corta (larga)
La voglio a maniche corte (lunghe)
la vóllo a mánique córte (lúngue)

¿De qué es?
Di che cos'è?
¿di qué cosé?

¿Tienen otros modelos?
Avete altri modelli?
¿avéte áltri modél.li?

¿Que talla quiere?
Che taglia vuole?
¿qué tálla vuóle?

¿Me irá bien ésta?
Mi starà bene questa?
¿mistará béne cuésta?

¿Dónde está el probador?
Dov'è la cabina?
¿dové la cabína?

Voy a probármela
Vado a provarla
vádo a provárla

¿Cómo le queda?
Come Le sta?
¿cóme le stá?

El cuello me queda un poco apretado
Il colletto mi sta un po' stretto
il col.lét.to mi stá un pó strét.to

Me hace una arruga aquí
Mi fa una piega qui
mi fá úna piéga cuí

Voy a probarme la talla 42
Proverò la taglia 42
proveró la tálla cuarantadúe

Me quedo con ésta
Tengo questa
téngo cuésta

¿Tienen corbatas de seda natural?
Avete cravatte di seta naturale?
¿avéte cravát.te di séta naturále?

¿De qué color?
Di che colore?
¿di qué colóre?

Me gusta éste/ésta
Mi piace questo/questa
mi piáce cuésto/cuésta

¿Cuánto es todo?
Quanto viene tutto?
¿cuánto viéne tút.to?

¿Dónde está la caja?
Dov'è la cassa?
¿dové la cássa?

¿En efectivo o con tarjeta?
In contanti o con la carta?
¿in contánti o con la cárta?

¿Podría envolvérmelo para regalo?
Potrebbe farmi una confezione regalo?
¿potréb.be fármi una confétsione regálo?

EN UNA ZAPATERÍA

Zapatos	Scarpe	*scárpe*
Botas	Stivali	*stiváli*
Sandalias	Sandali	*sándali*
Suela	Suola	*suóla*
Tacón	Tacco	*tác.co*
Cordón	Stringa	*strínga*
Piel	Pelle	*pél.le*
Ante	Camoscio	*camósho*
Goma	Gomma	*gómma*
Mocasines	Mocassino	*mocassíno*
Zapatillas	Pantofole	*pantófole*
Zapatillas de deporte	Scarpette	*scarpét.te*

Deseo un par de zapatos de tacón alto
Vorrei un paio di scarpe col tacco alto
orréi un páio discárpe col tác.co álto

¿De qué color los quiere?
Di che colore le vuole?
¿di qué colóre le vuóle?

Con cordones y que sean buenos para la lluvia
Con le stringhe e che vadano bene per la pioggia
con lestríngue e que vádano béne per la piódcha

¿Qué número calza?
Che numero di scarpe porta?
¿qué número discárpe pórta?

Me quedan demasiado grandes
Mi stanno troppo grandi
mistán.no tróp.po grándi

Pruébese este par
Provi questo paio
próvi cuésto páio

Éstos me están bien
Queste mi stanno bene
cuéste mistán.no béne

¿Cuánto valen?
Quanto costano?
¿cuánto cóstano?

EN UNA PERFUMERIA

Jabón	Sapone	*sapóne*
Champú	Shampoo	*shámpo*
Desodorante	Deodorante	*deodoránte*
Gel de baño	Bagnoschiuma	*bañosquiúma*
Laca	Lacca	*lác.ca*
Bronceador	Abbronzante	*ab.brontsánte*
Peine	Pettine	*pét.tine*
Cepillo	Spazzola	*spátsola*
Cepillo de dientes	Spazzolino da denti	*spatsolíno da dénti*
Pasta de dientes	Dentifricio	*dentifrícho*
Tijeras	Forbici	*fórbichi*
Colonia	Acqua di colonia	*ác.cua di colónia*
Maquillaje	Trucco	*trúc.co*
Esmalte	Smalto	*smálto*
Rímel	Rimmel	*rím.mel*
Barra de labios	Rossetto	*rossét.to*
Depilatorio	Crema depilatoria	*créma depilatoria*
Perfume	Profumo	*profúmo*

Espuma (para el cabello)
Schiuma (per i capelli)
squiúma (per i capél.li)

Crema limpiadora
Crema detergente
créma deterdchénte

Crema hidratante/nutritiva
Crema idratante/nutriente
créma idratánte/nutriénte

Maquinilla de afeitar	Rasoio	*rasóio*
Loción	Dopobarba	*dopobárba*
Espuma de afeitar	Schiuma da barba	*squiúma da bárba*

EN UNA TIENDA DE FOTOS

Cámara	Macchina fotografica	*mác.quina fotográfica*
Objetivo	Obiettivo	*obiet.tívo*
Visor	Mirino	*miríno*
Filtro	Filtro	*fíltro*
Diafragma	Diaframma	*diafrám.ma*
Disparador	Scatto	*scát.to*
Carrete	Rullino	*rul.líno*
Color	Colore	*colóre*
Blanco y negro	Bianco e nero	*biánco e néro*
Diapositiva	Diapositiva	*diapositíva*
Negativo	Negativa	*negatíva*
Tamaño	Grandezza	*grandétsa*
Ampliación	Ingrandimento	*ingrandiménto*

Copia	Copia	*cópia*
Foto	Foto	*fóto*
Pila	Pila	*píla*
Brillo	Lucido	*lúchido*
Mate	Opaco	*opáco*

Quiero un carrete en blanco y negro para esta cámara
Voglio un rullino in bianco e nero per questa macchina fotografica
vóllo un rul.líno in biánco e néro per cuésta mác.-quina fotográfica

Quiero una ampliación de esta foto
Voglio un ingrandimento di questa foto
vóllo un ingrandiménto di cuésta fóto

¿Cuánto cuesta el revelado?
Quanto costa lo sviluppo?
¿cuánto cósta lo svilúp.po?

¿Hace Vd. fotos de carnet?
Lei fa fototessera?
¿léi fá fototéssera?

Mi cámara no funciona, ¿puede Vd. ver qué le pasa?
La mia mácchina fotografica non funziona, potrebbe controllare cos'è che non va?
la mía mác.quina fotográfica non funtsióna, potréb.be control.láre cosé que non va?

EN UNA ÓPTICA

Gafas	Occhiali	*oc.quiáli*
Lentes de contacto	Lenti a contatto	*lénti a contát.to*
Gafas de sol	Occhiali da sole	*oc.quiáli da sole*

Se me ha roto un cristal. ¿Puede hacerme otro nuevo?
Si è rotta una lente. Può farmene un'altra nuova?
si é rót.ta úna lénte. ¿puó férmene unáltra nuóva?

¿Cuándo estarán listas?
Quando saranno pronti?
¿cuándo sarán.no prónti?

Quiero revisarme la vista
Voglio misurarmi la vista
vóllo misurármi la vísta

Necesito un líquido limpiador de lentillas
Mi serve un liquido per pulire le lenti a contatto
mi sérve un lícuido per pulíre le lénti a contát.to

EN UNA FLORISTERÍA

Rosa	Rosa	*rósa*
Clavel	Garofano	*garófano*
Margarita	Margherita	*margueríta*
Orquídea	Orchidea	*orquidéa*
Lirio	Giglio	*dchíllo*
Azucena	Giaggiolo	*dchadchólo*
Violeta	Viola	*vióla*
Pensamiento	Viola del pensiero	*vióla del pensiéro*
Dalia	Dalia	*dália*
Nardo	Nardo	*nárdo*
Gardenia	Gardenia	*gardénia*
Jacinto	Giacinto	*dchachínto*
Narciso	Narciso	*narchíso*

Crisantemo	Crisantemo	*crisantémo*
Tulipán	Tulipano	*tulipáno*

Quería un ramo de flores
Volevo un mazzo di fiori
volévo un mátso di fióri

¿Tienen rosas rojas?
Avete rose rosse?
¿avéte róse rósse?

Desearía un centro de flores secas
Vorrei un centrotavola di fiori secchi
vorréi un chentrotávola di fióri séc.qui

¿Cómo se llaman estas flores?
Come si chiamano questi fiori?
¿cóme si quiámano cuésti fióri?

¿Cuánto cuesta este helecho?
Quanto costa questa felce?
¿cuánto cósta cuésta félche?

¿Pueden enviarlo a domicilio?
Me la potete mandare a casa?
¿me la potéte mandáre a cása?

EN UN ESTANCO

Tabaco/ Cigarrillos	Sigarette	*sigarét.te*
Periódicos	Giornali	*dchornáli*
Rubio/negro	Leggere/forti	*ledchére/fórti*
Puro	Sigaro	*sígaro*
Cerillas	Cerini	*cheríni*
Encendedor	Accendino	*adchendíno*
Pipa	Pipa	*pípa*
Sellos	Francobollo	*francoból.lo*

EN UNA PELUQUERÍA

Peluquero/a	Parrucchiere/a	*parruc.quiére/a*
Pelo (cabello)	Capelli	*capél.li*
Pelo (corporal)	Pelo	*pélo*
Tijeras	Forbici	*fórbichi*
Peine	Pettine	*pét.tine*
Cepillo	Spazzola	*spátsola*

Secador	Fon/casco	*fon/cásco*
Corte de pelo	Taglio di capelli	*tállo di capél.li*
Lavado	Shampoo	*shámpo*
Peinado	Pettinatura/ acconciatura	*pet.tinatúra/ ac.conchatúra*
Manicura	Manicura	*manicúra*
Tinte	Tintura	*tintúra*
Afeitado	Rasatura	*rasatúra*
Barba	Barba	*bárba*
Bigote	Baffi	*báffi*
Patillas	Basette	*basét.te*
Flequillo	Frangia	*frándcha*
Rizo	Riccio	*ríc.cho*
Trenzas	Trecce	*tréc.che*

Deseo afeitarme
Vorrei farmi la barba
vorréi fármi la bárba

Córteme el pelo a navaja
Mi tagli i capelli col rasoio
mi tálli i capél.li col rasóio

No me corte mucho
Non me li tagli molto
non me li tálli mólto

¿Qué va a ser, señora?
Cosa Le faccio, signora?
¿cósa le fac.cho, siñóra?

Quiero un corte como éste
Voglio un taglio come questo
vóllo un tállo cóme cuésto

Quisiera teñirme el pelo/hacerme un moldeador
Vorrei fare la tintura/fare una permanente leggera
vorréi fáre la tintúra/fáre úna permanénte ledchéra

¿Del mismo color?
Dello stesso colore?
¿del.lo stésso colóre?

Me gustaría un tono más oscuro/claro
Mi piacerebbe un tono più scuro/chiaro
mi piacheréb.be un tóno piú scúro/quiáro

El agua está demasiado caliente/fría
L'acqua è troppo calda/fredda
lác.cua é tróp.po cálda/fréd.da

Tengo el cabello graso/seco
Ho i capelli grassi/secchi
ó i capél.li grássi/séc.qui

¡Córteme sólo las puntas!
Mi tagli solo le punte
mi tálli sólo le púnte

¿Cómo la peino?
Come La pettino?
cóme la pét.tino?

Con la raya en medio
Con la riga in mezzo
con la ríga in métso

Así está bien, gracias
Va bene così, grazie
va béne cosí, grátsie

MUSEOS Y OTROS LUGARES DE INTERÉS

Museo	Museo	*muséo*
Catedral	Cattedrale/ Duomo	*cat.tedrále/ duómo*
Monumento	Monumento	*monuménto*
Horas de visita	Orario di visite	*orário di vísite*
Entrada libre	Ingresso libero	*ingrésso líbero*
Entrada	Entrata/ ingresso	*entráta/ ingrésso*
Abierto	Aperto	*apérto*
Cerrado	Chiuso	*quiúso*
Catálogo	Catalogo	*catálogo*
Guía	Guida	*güída*

Sala	Sala	*sála*
Exposición	Mostra	*móstra*
Cuadro	Quadro	*cuádro*
Dibujo	Disegno	*diséño*
Grabado	Incisione	*inchisióne*
Arte	Arte	*árte*
Escultura	Scultura	*scultúra*
Pintura	Pittura/dipinto	*pit.túra/dipínto*
Capilla	Cappella	*cap.pél.la*
Claustro	Chiostro	*quióstro*
Cúpula	Cupola	*cúpola*
Palacio	Palazzo	*palátso*
Torre	Torre	*tórre*
Patio	Cortile	*cortíle*
Mármol	Marmo	*mármo*
Bronce	Bronzo	*bróntso*
Piedra	Pietra	*piétra*

¿Qué lugares de interés hay en esta ciudad?
Quali sono i luoghi d'interesse in questa città?
¿cuáli sóno i luógui dinterésse in cuésta chit.tá?

¿A qué hora abre el Museo de Bellas Artes?
A che ora apre il Museo delle Belle Arti?
¿a qué óra ápre il muséo del.le bel.le árti?

El museo ..., la iglesia de ... y el Ayuntamiento tienen un especial interés turístico
Il museo ..., la chiesa di ... e il Municipio hanno uno speciale interesse turistico
il muséo ..., la quiésa di ... e il munichípio án.no úno spechále interésse turístico

¿Se puede hacer una visita con guía?
Si può fare una visita guidata?
¿si puó fáre una vísita güidáta?

Prohibido hacer fotografías
Vietato fare fotografie
vietáto fáre fotografíe

¿De qué siglo es?
Di che secolo è?
¿di qué sécolo é?

DIVERSIONES

Sala de conciertos	Sala di concerti	*sála di conchérti*
Teatro	Teatro	*teátro*
Cine	Cinema	*chínema*
Entrada	Biglietto	*billét.to*
Taquilla	Biglietteria	*billet.tería*
Cartelera	Elenco dei film	*elénco déi film*
Asiento	Posto	*pósto*
Fila	Fila	*fíla*

Pasillo	Corridoio	*corridóio*
Guardarropa	Guardaroba	*guardaróba*
Acomodador	Maschera	*másquera*
Estreno	Prima visione	*príma visióne*

Venta anticipada
Prevendita
prevéndita

Agotadas las localidades
Tutto esaurito
tút.to esauríto

CONCIERTOS

Música	Musica	*música*
Músico	Musicista	*misichísta*
Orquesta	Orchestra	*orquéstra*
Director	Direttore	*diret.tóre*
Cantante	Cantante	*cantánte*
Público	Pubblico	*púb.blico*

¿Qué orquesta toca?
Che orchestra suona?
¿qué orquéstra suóna?

Déme dos butacas de patio para el concierto del día ...
Mi dia due poltrone in platea per il concerto del giorno ...
mi día dúe poltróne in platéa per il conchérto del dchórno ...

Queremos dos asientos en la fila ...
Vogliamo due posti in fila ...
vollámo dúe pósti in fila ...

TEATRO

Obra	Opera teatrale	*ópera teatrále*
Actor	Attore	*at.tóre*
Actriz	Attrice	*at.tríche*
Escenario	Scenario/ Palcoscenico	*shenário/ palcoshénico*
Telón	Sipario	*sipário*
Decorado	Scenografia	*shenografía*
Función	Spettacolo	*spet.tácolo*
Acto	Atto	*át.to*
Entreacto	Intervallo	*interval.lo*

¿Qué ponen en el Teatro ... esta noche?
Che cosa danno al Teatro ... stasera?
¿qué cósa dán.no al teátro ... staséra?

¿A qué hora empieza?
A che ora comincia?
¿a qué óra comíncha?

¿Cuánto dura la obra?
Quanto dura lo spettacolo?
¿cuánto dúra lospet.tácolo?

¿Podría reservar tres palcos para la función del día...?
Potrei prenotare tre palchi per lo spettacolo del giorno...?
¿potréi prenotáre tre pálqui per lospet.tácolo del dchórno...?

CINEMA

Película	Film	*film*
Pantalla	Schermo	*squérmo*
Sesión	Spettacolo	*spet.tácolo*
Documental	Documentario	*documentário*

Dibujos animados
Cartoni animati
cartóni animáti

¿Dónde se proyecta la nueva película de...?
Dove danno il nuovo film di...?
¿dóve dán.no il nuóvo film di...?

¿Es en versión original con subtítulos?
È in lingua originale con sottotitoli?
¿é in língua originále con sot.totítoli?

No, está doblada
No, è doppiato
no, é dop.piáto

EN LA PLAYA/PISCINA

Playa	Spiaggia	*spiádcha*
Mar	Mare	*máre*
Piscina	Piscina	*pishína*
Arena	Sabbia	*sáb.bia*
Ola	Onda	*ónda*
Orilla	Riva	*ríva*
Barca	Barca	*bárca*
Sombrilla	Ombrellone	*ombrel.lóne*
Tumbona	Sedia a sdraio	*sédia asdráio*
Bañador	Costume da bagno	*costúme da báño*
Trampolín	Trampolino	*trampolíno*
Ducha	Doccia	*dóc.cha*

Hoy hay muchas olas
Oggi il mare è agitato
ódchi il máre é adchitáto

El agua está sucia
L'acqua è sporca
lác.cua é spórca

Hay muchas rocas
Ci sono molte rocce
chi sóno mólte róc.che

¿Hay socorristas?
Ci sono i bagnini?
¿chi sóno i bañíni?

DE CAMPING

Camping	Campeggio	*campédcho*
Tienda de campaña	Tenda	*ténda*
Caravana	Roulotte	*rulót*
Saco de dormir	Sacco a pelo	*sác.co a pélo*
Martillo	Martello	*martél.lo*
Linterna	Torcia elettrica	*tórcha elét.trica*
Bombona de butano	Bombola del gas	*bómbola del gas*
Abrelatas	Apriscatole	*apriscátole*
Navaja	Coltello	*coltél.lo*

Sacacorchos	Cavatappi	*cavatáp.pi*
Enchufe	Presa/spina	*présa/spína*
Servicios	Servizi igienici	*servítsi idchénichi*

Estoy buscando un camping cerca de la playa
Sto cercando un campeggio vicino al mare
stó chercándo un campédcho vichíno al máre

¿Cuál es la tarifa diaria?
Quanto si paga al giorno?
¿cuánto si pága al dchórno?

¿Podemos montar la tienda aquí?
Possiamo montare la tenda qui?
¿possiámo montáre la ténda cuí?

¿Dónde puedo aparcar el coche?
Dove posso parcheggiare la macchina?
¿dóve pósso parquedcháre la mác.quina?

Quiero quedarme ... días
Voglio restare ... giorni
vóllo restáre ... dchórni

¿Es agua potable?
È acqua potabile?
¿é ác.cua potábile?

¿Se puede encender fuego?
Si può accendere fuoco?
¿si puó ac.chéndere fuóco?

¿Está vigilado?
È sorvegliato?
¿é sorvelláto?

¿Hay un supermercado cerca?
C'è un supermercato vicino?
¿ché un supermercáto vichíno?

DEPORTES

Polideportivo	Palazzetto dello sport	*palatsét.to del.lo sport*
Pista de tenis	Campo da tennis	*cámpo da tén.nis*
Gimnasio	Palestra	*paléstra*
Campo de golf	Campo da golf	*cámpo da golf*
Campo de fútbol	Stadio di calcio	*stádio di cálcho*
Piscina	Piscina	*pishína*
Palos de golf	Bastoni da golf	*bastóni da golf*
Raquetas	Racchette	*rac.quét.te*
Esquíes	Sci	*shi*

Quisiera alquilar una tabla de windsuf
Vorrei noleggiare una tavola da windsurf
vorréi noledcháre úna távola da uínsurf

¿Hay monitores de esquí acuático?
Ci sono istruttori di sci acquatico?
¿chi sóno istrut.tóri di shi ac.cuático?

Quisiera reservar una pista para mañana a las ...
Vorrei prenotare un campo per domani alle ...
vorréi prenotáre un cámpo per dománi al.le ...

BANCOS

Banco	Banca	*bánca*
Caja de ahorros	Cassa di risparmio	*cássa di rispármio*
Cambio	Cambio	*cámbio*
Dinero	Soldi/Denaro	*sóldi/denáro*
Moneda	Moneta	*monéta*
Billete	Biglietto/ Banconota	*billét.to/ banconóta*
Cheque	Assegno	*asséño*
Tarjeta de crédito	Carta di credito	*cárta di crédito*
Cheque de viaje	Traveller's check	*trávelers shek*
Cotización	Quotazione	*cuotatsióne*

Divisas	Valuta	*valúta*
Ventanilla	Sportello	*sportél.lo*
Caja	Cassa	*cássa*
Recibo	Ricevuta	*richevúta*
Cuenta	Conto	*cónto*
Cuenta corriente	Conto corrente	*cónto corrénte*

Letra de cambio
Cambiale
cambiále

Cajero automático
Bancomat
báncomat

Dinero en efectivo
Denaro in contanti
denáro in contánti

¿Dónde puedo cambiar el dinero?
Dove posso cambiare i soldi?
¿dóve pósso cambiáre i sóldi?

¿Cuál es el horario de los bancos?
Qual è l'orario delle banche?
¿cuál é lorário del.le bánque?

Quería cambiar este cheque de viaje
Volevo cambiare questo traveller's check
volévo cambiáre cuésto trávelers shek

¿Han recibido una transferencia de ... a nombre de ...?
Avete ricevuto un bonifico da ... a nome di ...?
¿avéte richevúto un bonífico da ... a nóme di ...?

¿Para cobrar un cheque al portador, por favor?
Per riscuotere un assegno al portatore, per favore?
¿per riscuótere un asséño al portatóre, per favóre?

Firme aquí, por favor
Firmi qui, prego
fírmi cuí, prégo

Pase por caja /ventanilla nº ...
Si accomodi alla cassa/allo sportello nº ...
si ac.cómodi al.la cássa/al.lo sportél.lo número ...

CORREOS

Correos	Posta	*pósta*
Carta	Lettera	*lét.tera*
Postal	Cartolina	*cartolína*
Sello	Francobollo	*francoból.lo*
Franqueo	Affrancatura	*affrancatúra*
Paquete	Pacco	*pác.co*
Lista de correo	Fermo posta	*férmo pósta*

Dirección	Indirizzo	*indirítso*
Remitente	Mittente	*mit.ténte*
Destinatario	Destinatario	*destinatário*
Por correo	Per posta	*per pósta*
Por avión	Per posta aerea	*per pósta aérea*
Carta certificada	Lettera raccomandata	*lét.tera rac.comandáta*
Carta urgente	Lettera espresso	*lét.tera esprésso*
Impresos	Moduli	*móduli*
Contra reembolso	In contrassegno	*in contrasséño*

Apartado de correos
Cassetta postale
cassét.ta postále

Código postal
Codice di avviamento postale (C.A.P.)
códiche di av.viaménto postále (C.A.P.)

¿A qué hora abre Correos?
A che ora apre la Posta?
¿a ché óra ápre la pósta?

Dos sellos para ..., por favor
Due francobolli per ..., per favore
dúe francoból.li per ..., per favóre

Quiero enviar este paquete por avión
Voglio inviare questo pacco per posta aerea
vóllo inviáre cuésto pác.co per pósta aérea

Tiene Vd. que rellenar este impreso
Lei deve compilare questo modulo
éi déve compiláre cuésto módulo

¿Hay cartas a nombre de ... en Lista de Correos?
C'è qualche lettera a nome di ...?
¿ché cuálque lét.tera a nóme di ...?

¿Para recoger un paquete por favor?
Per ritirare un pacco, per favore?
¿per ritiráre un pác.co, per favóre?

Deseo cobrar este giro postal
Vorrei riscuotere questo vaglia
vorréi riscuótere cuésto válla

TELÉFONOS

Cabina	Cabina	*cabína*
Llamada	Telefonata	*telefonáta*
Número	Numero	*número*
Prefijo	Prefisso	*prefísso*
Monedas	Monete/ spiccioli	*monéte/ spíc.choli*
Tarjeta	Carta telefonica	*cárta telefónica*

Quiero hacer una llamada a cobro revertido
Voglio fare una telefonata R
vóllo fáre úna telefonáta érre

¿Cuál es el prefijo de. ..?
Qual è il prefisso di ...?
¿cuál é il prefísso di ...?

¿Cuál es el número de Información?
Qual è il numero di Informazione?
¿cuál é il número di informatsióne?

No contestan
Non rispondono
non rispóndono

Está comunicando
È occupato
é oc.cupáto

Se ha equivocado
Ha sbagliato
asballáto

¡Dígame!
Pronto!
¡prónto!

Soy ...
Sono ...
sóno ...

¿Puedo hablar con ...?
Posso parlare con ...?
¿pósso parláre con ...?

Soy yo
Sono io
sóno ío

Un momento, por favor
Un attimo, prego
un át.timo prégo

¿De parte de quién?
Chi lo vuole?
¿quí lo vuóle?

No cuelgue
Non riattacchi
non riat.tác.qui

No está. Ha salido
Non c'è. È uscito
non ché. é ushíto

¿Quiere dejarle un recado?
Vuole lasciargli un messaggio?
¿vuóle lashárlli un messádcho?

Dígale que ...
Gli dica che ...
lli díca que ...

LA SALUD

Cabeza	Testa	*tésta*
Cara	Faccia	*fádcha*
Ojo	Occhio	*óc.quio*
Nariz	Naso	*náso*
Oído	Udito/ Orecchio	*udíto/* *oréc.quio*
Boca	Bocca	*bóc.ca*
Lengua	Lingua	*língua*
Garganta	Gola	*góla*
Cuello	Collo	*cól.lo*
Hombro	Spalla	*spál.la*
Brazo	Braccio	*brádcho*
Codo	Gomito	*gómito*
Muñeca	Polso	*pólso*
Mano	Mano	*máno*
Dedo	Dito	*díto*
Espalda	Schiena	*squiéna*
Pecho	Petto	*pét.to*
Pierna	Gamba	*gámba*
Rodilla	Ginocchio	*dchinóc.quio*
Pie	Piede	*piéde*
Vientre	Pancia	*páncha*

Corazón	Cuore	*cuóre*
Estómago	Stomaco	*stómaco*
Pulmón	Polmone	*polmóne*
Hígado	Fegato	*fégato*
Riñones	Reni	*réni*
Intestinos	Intestini	*intestíni*

MÉDICO

Médico	Medico	*médico*
Enfermera	Infermiera	*infermiéra*
Paciente	Paziente	*patsiénte*
Enfermedad	Malattia	*malat.tía*
Dolor	Dolore	*dolóre*
Consulta	Studio	*stúdio*
Sala de espera	Sala d'attesa	*sála dat.tésa*

Rayos X	Raggi X	*rádchi ics*
Receta	Ricetta	*richét.ta*

Presión sanguínea
Pressione sanguigna
pressióne sangüíña

Grupo sanguíneo
Gruppo sanguigno
grúp.po sangüíño

¿Puede llamar a un médico?
Può chiamare un medico?
¿puó quiamáre un médico?

¿Conoce a algún médico que hable español?
Conosce qualche medico che parli spagnolo?
¿conóshe cuálque medico que párli spañólo?

¡Lléveme al hospital!
Mi porti in ospedale!
¡mi pórti in ospedále!

No me siento bien
Non mi sento bene
non mi sénto béne

¿Qué le pasa?
Cosa si sente?
¿cósa si sénte?

Tengo ...
Ho ...
o ...

gripe
l'influenza
linfluéntsa

dolor de cabeza
mal di testa
mal di tésta

dolor de estómago
mal di stómaco
mal distómaco

dolor de garganta
mal di gola
mal di góla

tos
la tosse
la tósse

fiebre
la febbre
la féb.bre

Estoy resfriado
Sono raffreddato
sóno raffred.dáto

Tengo mareos
Mi gira la testa
mi dchíra la tésta

Creo que me he roto una pierna
Credo di essermi rotto la gamba
crédo di éssermi rót.to la gámba

Me he torcido un tobillo
Mi sono slogato una caviglia
mi sóno slogáto úna cavílla

Me cuesta trabajo respirar
Faccio fatica a respirare
fádcho fatíca a respiráre

¿Dónde le duele?
Dove Le fa male?
¿dóve le fa mále?

¿Desde cuándo está enfermo?
Da quanto tempo è malato?
¿da cuánto témpo é maláto?

Soy alérgico/a a ...
Sono allergico/a a ...
sóno al.lérdchico/a a ...

Estoy embarazada de ... semanas
Sono incinta da ... settimane
sóno inchínta da ... set.timáne

Respire profundamente
Respiri profondamente
respíri profondaménte

Saque la lengua
Tiri fuori la lingua
tíri fuóri la língua

Túmbese aquí, por favor
Si stenda qui, per favore
sisténda cuí, per favóre

Tendrá que guardar reposo
Dovrà stare a riposo
dovrá stáre a ripóso

Voy a recetarle ...
Le prescrivo ...
le prescrívo ...

DENTISTA

Diente/Muela	Dente/Molare	*dénte/molàre*
Muela del juicio	Dente del giudizio	*dénte del dchudítsio*
Encía	Gengiva	*dchendchíva*
Caries	Carie	*cárie*
Empaste	Otturazione	*ot.turatsióne*

Me duele este diente/esta muela
Mi fa male questo dente
mi fa mále cuésto dénte

Habrá que sacarla
Bisogna estrarlo
bisóña estrárlo

Será mejor empastarla
La cosa migliore sarà otturarlo
la cósa millóre sará ot.turárlo

Déme un calmante, por favor
Mi dia un calmante, per favore
mi día un calmánte, per favóre

Se me ha caído un empaste
Mi è saltata via un'otturazione
mi é saltáta via un ot.turatsióne

COMISARÍA

Comisaría	Commissariato	*com.missariáto*
Policía	Polizia	*politsía*
Policía (agente)	Poliziotto	*politsiót.to*
Denuncia	Denuncia	*denúncha*
Declaración	Verbale	*verbále*
Abogado	Avvocato	*av.vocáto*
Robo	Furto	*fúrto*
Atraco	Rapina	*rapína*
Accidente	Incidente	*inchidénte*
Pasaporte	Passaporto	*passapórto*
Cartera	Portafoglio	*portafóllo*
Bolso	Borsetta	*borsét.ta*

Por favor, ¿dónde hay una comisaría?
Per favore, dov'è un commissariato?
per favóre, ¿dové un com.missariáto?

Quiero poner una denuncia
Voglio sporgere una denuncia
vóllo spórdchere úna denúncha

Me han robado el/la ...
Mi hanno rubato il/la ...
mi án.no rubáto il/la ...

Me han golpeado
Mi hanno colpito
mi án.no colpíto

Se me ha perdido el pasaporte
Ho perso il passaporto
ó pérso il passapórto

He tenido un accidente de coche
Ho avuto un incidente in macchina
ó avúto un inchidénte in mác.quina

No entiendo, ¿Puede venir un intérprete?
Non capisco. Può venire un intérprete?
non capísco. ¿puó veníre un intérprete?

¿Puedo llamar a mi embajada/consulado?
Posso telefonare alla mia ambasciata/al mio consolato?
¿pósso telefonáre al.la mía ambasháta/al mío consoláto?

DICCIONARIO DE VIAJE

ESPAÑOL-ITALIANO

a. a. in. *a, in.*
abajo. sotto. *sót.to*
abierto. aperto. *apérto*
abrigo. cappotto. *cap.pót.to*
abril. aprile. *apríle*
abrir. aprire. *apríre*
acabar. finire. *finíre*
accidente. incidente. *inchidénte*
aceite. olio. *ólio*
aceituna. oliva. *olíva*
acelerador. acceleratore. *adcheleratóre*
aceptar. accettare. *ac.chet.táre*
acera. marciapiede. *marchapiéde*
aconsejar. consigliare. *consilláre*
acuerdo (de...). d'accordo. *dac.córdo*
adelante. avanti. *avánti*
además. poi. *pói*
adiós. ciao. *cháo*
aduana. dogana. *dogána*
afeitarse. farsi la barba. *fársi la bárba*
agencia. agenzia. *adchentsía*
agosto. agosto. *agósto*
agradable. piacevole. *piachévole*
agrio. agro. *ágro*
agua. acqua. *ác.cua*
ahí. lì. *li*
ahora. adesso. ora. *adésso, ora*
aire. aria. *ária*
ajo. aglio. *állo*
albergue. ostello. *ostél.lo*
algo. qualcosa. *cualcósa*
algodón. cotone. *cotóne*
algunos/as. alcuni/e. *alcúni/e*
almohada. cuscino. *cushíno*
almorzar. pranzare. *prantsáre*
alojamiento. alloggio. *al.lódcho*
alquilar. affittare. *affit.táre*
alrededor. intorno. *intórno*
alto. alto. *álto*
allí. lì. *lí*
amable. gentile. *dchentíle*
amarillo. giallo. *dchál.lo*
amargo. amaro. *amáro*
ambos. tutti e due. *tut.ti e dúe*

ambulancia. ambulanza. *ambulántsa*
amigo. amico. *amíco*
ancho. largo. *lárgo*
andar. camminare. *cam.mináre*
andén. binario. *binário*
anoche. ieri sera. *iéri séra*
anuncio. annuncio. *an.núncho*
aparcar. parcheggiare. *parquedcháre*
aparcamiento. parcheggio. *parquédcho*
apartamento. appartamento. *ap.partaménto*
antes. prima. *príma*
año. anno. *án.no*
apellido. cognome. *coñóme*
aprender. imparare. *imparáre*
aquel. quello. *cuél.lo*
aquí. qui. *cuí*
árbol. albero. *álbero*
arena. sabbia. *sáb.bia*
arriba. sopra. *sópra*
arroz. riso. *ríso*
artesanía. artigianato. *artidchanáto*
asado. arroato. *arrósto*
ascensor. ascensore. *ashensóre*
así. così. *cosí*
asiento. posto a sedere. *pósto a sedére*
atención. attenzione. *at.tentsióne*
aterrizar. atterrare. *at.terráre*
atrás. indietro. *indiétro*
atún. tonno. *tón.no*
aunque. anche se. *ánque se*
autobús. autobus. *áutobus*
autopista. autostrada. *autostráda*
avería. guasto. *guásto*
averiado. guasto. *guásto*
avión. aereo. *aéreo*
aviso. avviso. *av.víso*
ayer. ieri. *iéri*
ayudar. aiutare. *aiutáre*
ayuntamiento. comune, municipio. *comúne, munichípio*
azafata. hostess. *óstes*
azúcar. zucchero. *tsúc.quero*
azul. azzurro. *atsúrro*

bacalao. baccalà. *bac.calá*
bajo. basso. *básso*
banco. banca. *bánca*
bañador. costume da bagno. *costúme da baño*

bañarse. fare il bagno. *fáre il báño*
baño. bagno. *báño*
barato. a buon mercato. *a buón mercáto*
barba. barba. *bárba*
barco. nave. *náve*
barrio. quartiere. *cuartiére*
bastante. abbastanza. *ab.bastántsa*
beber. bere. *bére*
bebida. bibita, da bere. *bíbita, da bére*
biblioteca. biblioteca. *bibliotéca*
bicicleta. bicicletta. *bichiclét.ta*
bien. bene. *béne*
bienvenido. benvenuto. *benvenúto*
blanco. bianco. *biánco*
boca. bocca. *bóc.ca*
bolso. borsetta. *borsét.ta*
bolsillo. tasca. *tásca*
bonito. bello. *bél.lo*
bota. stivale. *stivále*
botella. bottiglia. *bot.tílla*
brazo. braccio. *brác.cho*
bueno. buono. *buóno*
buscar. cercare. *chercáre*
buzón. cassetta postale. *cassét.ta postále*
caballo. cavallo. *cavál.lo*
cabello. capelli. *capél.li*
cabeza. testa. *tésta*
cada. ogni. *óñi*
café. caffè. *caffé*
cafetería. caffetteria. *caffet.tería*
caja. cassa. *cássa*
caliente. caldo. *cáldo*
calmante. calmante. *calmánte*
calor. caldo. *cáldo*
calle. via, strada. *vía, stráda*
cama. letto. *lét.to*
camarero. cameriere. *cameriére*
cambiar. cambiare. *cambiáre*
cambio. cambio. *cámbio*
camino. cammino, strada. *cam.míno, stráda*
camisa. camicia. *camícha*
campo. campagna. *campáña*
cara. faccia. *fác.cha*
carne. carne. *cárne*
carnicería. macelleria. *machel.lería*
caro. caro. *cáro*
carretera. strada. *stráda*
carta. lettera. *lét.tera*

cartera. portafoglio. *portafóllo*
casado. sposato. *sposáto*
casi. quasi. *cuási*
castillo. castello. *castél.lo*
catedral. duomo, cattedrale. *duómo, cat.tedrále*
catorce. quattordici. *cuat.tórdichi*
cebolla. cipolla. *chipól.la*
cena. cena. *chéna*
cenicero. portacenere. *portachénere*
centro. centro. *chéntro*
cepillo. spazzola. *spátsola*
cerca. vicino. *vichíno*
cerdo. maiale. *maiále*
cereza. ciliegia. *chiliédcha*
cerilla. cerino. *cheríno*
cero. zero. *tséro*
cerrado. chiuso. *quiúso*
cerrar. chiudere. *quiúdere*
cerveza. birra. *bírra*
cielo. cielo. *chélo*
cien. cento. *chénto*
cigarrillo. sigaretta. *sigarét.ta*
cinco. cinque. *chíncue*
cine. cinema. *chínema*
cinturón. cintura. *chintúra*
ciruela. prugna. *prúña*
cita. appuntamento. *ap.puntaménto*
ciudad. città. *chit.tá*
claro. chiaro. *quiáro*
clase. classe. *clásse*
cliente. cliente. *cliénte*
clima. clima. *clíma*
cobrar. incassare, riscuotere. *incassáre, riscuótere*
cocido. cotto. *cót.to*
coche. macchina. *mác.quina*
cocina. cucina. *cuchína*
codo. gomito. *gómito*
coger. prendere. *préndere*
col. cavolo. *cávolo*
colchón. materasso. *materásso*
coliflor. cavolfiore. *cavolfióre*
color. colore. *colóre*
comedor. sala da pranzo. *sála da prántso*
comenzar. cominciare. *cominchiáre*
comer. mangiare. *mandcháre*
comida. pasto, cibo. *pásto, chíbo*
comisaría. commissariato. *com.missariáto*
como. come. *cóme*
cómo. come. *cóme*

comprar. comprare. *com-práre*
comprender. capire. *capí-re*
con. con. *con*
conducir. guidare. *güidáre*
conmigo. con me. *con me*
conocer. conoscere. *conó-shere*
consejo. consiglio. *consí-llo*
consigna. deposito bagagli. *depósito bagálli*
consulado. consolato. *con-soláto*
consulta. consultazione. *consultatsióne*
contar. raccontare, contare. *rac.contáre, contáre.*
contento. contento. *con-ténto*
contigo. con te. *con te*
contra. contro. *cóntro*
copa. bicchiere, calice. *bic.quiére, cáliche*
corazón. cuore. *cuóre*
corbata. cravatta. *cravát.-ta*
cordero. agnello. *añél.lo*
correo. posta. *pósta*
Correos. Posta. *pósta*
cortar. tagliare. *talláre*
corto. corto. *córto*
cosa. cosa. *cósa*
costa. costa. *cósta*
cotización. quotazione. *cuotatsióne*
cristal. vetro, cristallo. *vétro, cristál.lo*
cruce. incrocio. *incrócho*
crudo. crudo. *crúdo*
cruzar. incrociare. *incro-cháre*
cuadrado. quadrato. *cua-dráto*
cuál. quale. *cuále*
cualquiera. qualsiasi. *cual-síasi*
cuando. quando. *cuándo*
cuándo. quando. *cuándo*
cuánto. quanto. *cuánto*
cuarenta. quaranta. *cua-ránta*
cuarto. quarto. *cuárto*
cuatro. quattro. *cuát.tro*
cubierta. coperta. *copérta*
cuchara. cucchiaio. *cuc.-quiáio*
cuchillo. coltello. *coltél.lo*
cuello. collo. *cól.lo*
cuenta. conto. *cónto*
cuerpo. corpo. *córpo*
cuidado. attenzione. *at.-tentsióne*
curva. curva. *cúrva*

chaleco. gilet. *dchilé*
chaqueta. giacca. *dchác.ca*
cheque. assegno. *asséño*
chico/a. ragazzo/a. *ragátso/a*
chocolate. cioccolato. *choc.coláto*
chuleta. costata. *costáta*

daño. danno. *dánno*
dar. dare. *dáre*
dato. dato. *dáto*
de. di. *di*
deber. dovere. *dovére*
decir. dire. *díre*
dedo. dito. *díto*
dejar. lasciare. *lasháre*
delante. davanti. *davánti*
demasiado. troppo. *tróp.po*
dentro. dentro. *déntro*
deporte. sport. *sport*
derecho. dritto. *drít.to*
desayuno. prima colazione. *príma colatsióne*
descuento. sconto. *scónto*
desde. da. *da*
desear. desiderare. *desideráre*
despacio. piano. *piáno*
después. dopo, poi. *dópo, pói*
detrás. dietro. *diétro*
día. giorno. *dchórno*
diario. quotidiano. *cuotidiáno*
dibujo. disegno. *diséño*
diccionario. dizionario. *ditsionário*
diciembre. dicembre. *dichémbre*
diente. dente. *dénte*
diez. dieci. *diéchi*
difícil. difficile. *diffichile*
dinero. soldi, denaro. *sóldi, denáro*
dirección. indirizzo, direzione. *indirítso, diretsióne*
directo. diretto. *dirét.to*
divisa. valuta. *valúta*
doble. doppio. *dóp.pio*
dolor. dolore. *dolóre*
domingo. domenica. *doménica*
dónde. dove. *dóve*
dormir. dormire. *dormíre*
dormitorio. camera da letto. *cámera da lét.to*
dos. due. *dúe*
ducha. doccia. *dódcha*
dueño. padrone. *padróne*
dulce. dolce. *dólche*
durante. per, durante. *per, duránte*
durar. durare. *duráre*
duro. duro. *dúro*

edad. età. *etá*
edificio. palazzo, edificio. *palátso, edifícho*
ejemplo (por...). esempio (per...). *esémpio (per...)*
el. il, lo, l'. *il, lo, l'*
él. lui. *lúi*
ella. lei. *léi*
embajada. ambasciata. *ambasháta*
empezar. cominciare. *comincháre*
empresa. ditta, impresa. *dít.ta, impresa*
empujar. spingere. *spíndchere*
en. in. a. *in. a.*
encendedor. accendino. *adchendíno*
encima. su, sopra. *su, sópra*
encontrar. trovare, incontrare. *trováre, incontráre*
enero. gennaio. *dchen.náio*
enfermedad. malattia. *malat.tía*
enfermo. malato. *maláto*
enfrente. di fronte. *di frónte*
ensalada. insalata. *insaláta*
enseñar. mostrare, far vedere. *mostráre, far vedére*
entender. capire. *capíre*
entero. intero. *intéro*
entonces. allora. *al.lóra*
entrada. ingresso, entrata. *ingrésso, entráta*
entre. fra, tra. *fra, tra*
enviar. inviare, spedire. *inviare, spedire*
equipaje. bagaglio. *bagállo*
escalera. scala. *scála*
escribir. scrivere. *scrívere*
escuchar. ascoltare. *ascoltáre*
escuela. scuola. *scuóla*
ese. quel, quello. *cuél, cuél.lo*
espalda. schiena. *squiéna*
español. spagnolo. *spañólo*
espectáculo. spettacolo. *spet.tácolo*
espejo. specchio. *spéc.quio*
esperar. aspettare, sperare. *aspet.táre, speráre*
espuma. schiuma. *squiúma*
esquina. angolo. *ángolo*
estación. stazione, stagione. *statsióne, stadchóne*
estanco. tabaccheria. *tabac.quería*
estar. essere, stare. *éssere, stáre*
este. questo. *cuésto*
Este. Est. *est*

estómago. stomaco. *stómaco*
estrecho. stretto. *strét.to*
estrella. stella. *stél.la*
estreñimiento. stitichezza. *stitiquétsa*
explicar. spiegare. *spiegáre*
exposición. mostra. *móstra*
extranjero. straniero, estero. *straniéro, éstero*

fábrica. fabbrica. *fáb.brica*
fácil. facile. *fáchile*
factura. fattura. *fat.túra*
falda. gonna. *gón.na*
familia. famiglia. *famíglia*
farmacia. farmacia. *farmacía*
favor (por...). favore (per...). *favóre (per...)*
febrero. febbraio. *feb.bráio*
fecha. data. *dáta*
feliz. felice. *felíche*
feo. brutto. *brút.to*
fiebre. febbre. *féb.bre*
fiesta. festa. *fésta*
fila. fila. *fíla*
filete. bistecca. *bistéc.ca*
firmar. firmare. *firmáre*
flan. budino. *budíno*
flor. fiore. *fióre*
folleto. opuscolo. *opúscolo*
foto. foto. *fóto*
franco. franco. *fránco*
fresa. fragola. *frágola*
fresco. fresco. *frésco*
frigorífico. frigorifero. *frigorífero*
frío. freddo. *fréd.do*
frito. fritto. *frít.to*
frontera. frontiera, confine. *frontiéra, confíne*
fruta. frutta. *frút.ta*
fuego. fuoco. *fuóco*
fuente. fontana. *fontána*
fuera. fuori. *fuóri*
fuerte. forte. *fórte*
fumar. fumare. *fumáre*
función. funzione, spettacolo. *funtsióne, spet.tácolo*

gafas. occhiali. *oc.quiáli*
galleta. biscotto. *biscót.to*
gallina. gallina. *gal.lína*
garaje. autorimessa. *autorimèssa*
garganta. gola. *góla*
gasolina. benzina. *bentsína*
gasolinera. distributore. *distributóre*
gato. gatto. *gát.to*
gente. gente. *dchénte*
ginebra. gin. *dchín*
gracias. grazie. *grátsie*

grado. grado. *grádo*
gran(de). gran(de). *grán-(de)*
gratis. gratis. *grátis*
grifo. rubinetto. *rubinét.to*
gripe. influenza. *influéntsa*
gris. grigio. *grídcho*
guantes. guanti. *guánti*
guía. guida. *güída*
guisante. pisello. *pisél.lo*
gustar. piacere. *piachére*

habitación. camera, stanza. *cámera, stántsa*
hablar. parlare. *parláre*
hacer. fare. *fáre*
hacia. verso. *vérso*
hambre. fame. *fáme*
harína. farina. *farína*
hasta. fino a. *fíno a*
hecho. fatto. *fát.to*
helado. gelato. *dcheláto*
herido. ferito. *feríto*
hermano. fratello. *fratél.lo*
hermana. sorella. *sorél.la*
herramienta. arnese. *arnése*
hielo. ghiaccio. *guiádcho*
hierro. ferro. *férro*
hígado. fegato. *fégato*
hijo/a. figlio/a. *fíllo*
hola. ciao. *cháo*
hombre. uomo. *uómo*
hora. ora. *óra*
hospital. ospedale. *ospedále*
hotel. albergo. *albérgo*
hoy. oggi. *odchi*
huelga. sciopero. *shópero*
hueso. osso. *ósso*
huevo. uovo. *uóvo*

idioma. lingua. *língua*
iglesia. chiesa. *chiésa*
igual. uguale. *uguále*
impermeabile. impermeabile. *impermeábile*
impuesto. tassa, imposta. *tássa, impósta*
incluido. incluso. *inclúso*
individual. individuale, singolo. *individuále, síngolo*
información. informazione. *informatsióne*
inglés. inglese. *inglése*
intentar. tentare. *tentáre*
interesante. interessante. *interessánte*
intérprete. interprete. *intérprete*
invierno. inverno. *invérno*
invitar. invitare. *invitáre*
ir. andare. *andáre*
isla. isola. *ísola*
izquierda. sinistra. *sinístra*

jabón. sapone. *sapóne*
jamón. prosciutto. *proshút.-to*
jardín. giardino. *dchardí-no*
jefe. capo. *cápo*
jersey. maglione. *maglióne*
joven. giovane. *dchóvane*
joya. gioiello. *dchoiél.lo*
joyería. gioielleria. *dchoiel.-lería*
juego. gioco. *dchóco*
jueves. giovedì. *dchovedí*
jugar. giocare. *dchocáre*
juguete. giocattolo. *dcho-cát.tolo*
julio. luglio. *lúllo*
junio. giugno. *dchúño*
juntos. insieme. *insiéme*

kilómetro. chilometro. *qui-lómetro*

la. la. l'. *la, l'*
labio. labbro. *láb.bro*
lado. lato. *láto*
lago. lago. *lágo*
lámpara. lampada. *lámpa-da*
lana. lana. *lána*
lápiz. matita. *matíta*
largo. lungo. *lúngo*
lata. lattina, scatoletta. *lat.-tína, scatolét.ta*
lavar. lavare. *laváre*
lavandería. lavanderia. *lavandería*
le. gli, le. *gli. le*
leche. latte. *lát.te*
lechuga. lattuga. *lat.túga*
leer. leggere. *lédchere*
lejos. lontano. *lontáno*
lengua. lingua. *língua*
lento. lento, piano. *lénto, piáno*
letra. lettera. *lét.tera*
ley. legge. *lédche*
libre. libero. *líbero*
libreria. libreria. *librería*
libro. libro. *líbro*
licor. liquore. *licuóre*
ligero. leggero. *ledchéro.*
limón. limone. *limóne*
limpio. pulito. *pulíto*
línea. linea. *línea*
listo. pronto, intelligente. *prónto, intel.lidchénte*
litera. cuccetta. *cuc.chét.ta*
lo. lo. *lo*
luego. dopo, poi. *dópo. poi*
lugar. posto, luogo. *pósto, luógo*
lujo. lusso. *lússo*
luna. luna. *lúna*
luz. luce. *lúche*

llamada. telefonata. *tele-fonáta*
llamar. chiamare. *quiamá-re*
llave. chiave. *quiáve*
llenar. riempire. *riempíre*
lleno. pieno. *piéno*
llegada. arrivo. *arrívo*
llegar. arrivare. *arriváre*
llevar. portare. *portáre*
llover. piovere. *pióvere*
lluvia. pioggia. *piódcha*

madera. legno. *léño*
madre. madre. *mádre*
maíz. mais, granoturco. *máis, granotúrco*
mal. male. *mále*
maleta. valigia. *valídcha*
malo. cattivo. *cat.tívo*
mandar. mandare, comandare. *mandáre, comandáre*
manera. maniera. *maniéra*
manga. manica. *mánica*
mano. mano. *máno*
manta. coperta. *copérta*
mantel. tovaglia. *toválla*
mantequilla. burro. *búrro*
manzana. mela. *méla*
mañana. domani, mattina. *dománi, mat.tína*
mapa. carta stradale. *cárta stradále*
máquina. macchina. *mác.-quina*
mar. mare. *máre*
mareo. capogiri, nausea. *capodchíri, náusea*
marido. marito. *maríto*
mariscos. frutti di mare. *frút.ti di máre*
marrón. marrone. *marróne*
martes. martedì. *martedí*
marzo. marzo. *mártso*
más. più. *piú*
matrícula. targa. *tárga*
mayo. maggio. *mádcho*
mayor. maggiore. *madchó-re*
me. mi. *mi*
mecánico. meccanico. *mec.cánico*
medicina. medicina. *me-dichína*
médico. medico. *médico*
medida. misura. *misúra*
medio. mezzo. *métso*
mediodía. primo pomeriggio. *prímo pomerídcho*
mejor. meglio, migliore. *méllo, millóre*
melocotón. pesca. *pésca*
melón. melone. *melóne*
menor. minore. *minóre*

menos. meno. *méno*
mensaje. messaggio. *messádcho*
menudo (a...). spesso. *spésso*
mercado. mercato. *mercáto*
merluza. merluzzo. *merlútso*
mermelada. marmellata. *marmel.láta*
mes. mese. *mése*
mesa. tavolo. *távolo*
metro. metro. *métro*
mezcla. mescolanza. *mescolántsa*
mi. me. *me*
mi. il mio, la mia. *il mío, la mía*
miel. miele. *miéle*
mientras. mentre. *méntre*
miércoles. mercoledì. *mercoledí*
mil. mille, mila. *míl.le, míla*
millón. milióne. *milióne*
minuto. minuto. *minúto*
mío. mio. *mío*
mirar. guardare. *guardáre*
mismo. stesso. *stés.so*
mitad. metà. *metá*
mixto. misto. *místo*
modo. modo. *módo*
molestar. disturbare. *disturbáre*
momento. momento. *moménto*
moneda. moneta. *monéta*
montaña. montagna. *montáña*
monumento. monumento. *monuménto*
moreno. bruno, abbronzato. *brúno, ab.brontsáto*
morir. morire. *moríre*
mostaza. senape. *sénape*
mostrador. banco. *bánco*
motivo. motivo. *motívo*
moto. moto. *móto*
muchacho. ragazzo. *ragátso*
mucho. molto. *mólto*
mueble. mobile. *móbile*
muelle. molo. *mólo*
mujer. donna. *dón.na*
multa. multa. *múlta*
mundo. mondo. *móndo*
museo. museo. *muséo*
música. musica. *música*
muy. molto. *mólto*

nacer. nascere. *náshere*
nacimiento. nascita. *náshita*
nada. niente, nulla. *niénte, núlla*

nadar. nuotare. *nuotáre*
nadie. nessuno. *nes.súno*
naranja. arancia, arancione. *aráncha. aranchóne*
nariz. naso. *náso*
nata. panna. *pán.na*
navegar. navigare. *navigáre*
necesario. necessario. *nechessário*
necesitar. avere bisogno. *avére bisóño*
negocio. affare. *af.fáre*
negro. nero. *néro*
neumático. pneumatico. *pneumático*
nevar. nevicare. *nevicáre*
ni. né, neanche. *né, neánque*
niebla. nebbia. *néb.bia*
nieve. neve. *néve*
ningún. nessun. *nessún*
niño. bambino. *bambíno*
no. no. *no.*
noche. sera, notte. *séra, nót.te*
nombre. nome. *nóme*
norte. nord. *nord*
nos. ci. *chi*
nosotros. noi. *nói*
noticia. notizia. *notítsia*
noveno. nono. *nóno*
noviembre. novembre. *novémbre*
nube. nuvola. *núvola*
nuestro. nostro. *nóstro*
nueve. nove. *nóve*
nuevo. nuovo. *nuóvo*
número. numero. *número*
nunca. mai. *mái*

obra. opera, lavoro. *ópera, lavóro*
ocasión. occasione. *oc.casióne*
ocho. otto. *ót.to*
ocio. ozio. *ótsio*
octavo. ottavo. *ot.távo*
octubre. ottobre. *ot.tóbre*
ocupado. occupato. *oc.cupáto*
oeste. ovest. *óvest*
oferta. offerta. *offérta*
oficina. ufficio. *uffícho*
ofrecer. offríre. *offríre*
oído. udito, orecchio. *udíto, oréc.quio*
oír. sentire. *sentíre*
ojo. occhio. *óc.quio*
ola. onda. *ónda*
olor. odore. *odóre*
olvidar. dimenticare. *dimenticáre*
once. undici. *úndichi*
óptica. ottica. *ót.tica*
oreja. orecchio. *oréc.quio*
oro. oro. *óro*

orquesta. orchestra. *orquéstra*
os. vi. *vi*
oscuro. oscuro, scuro. *oscúro, scúro*
otoño. autunno. *autún.no*
otro. un altro. *unáltro*

padre. padre. *pádre*
padres. genitori. *dchenitóri*
pagar. pagare. *pagáre*
página. pagina. *pádchina*
país. paese. *paése*
paisaje. paesaggio. *paesádcho*
pájaro. uccello. *udchél.lo*
palabra. parola. *paróla*
palacio. palazzo. *palátso*
pan. pane. *páne*
panadería. panetteria. *panet.tería*
pantalones. pantaloni. *pantalóni*
pañuelo. fazzoletto, foulard. *fatsolét.to, fulár*
papel. carta. *cárta*
paquete. pacco. *pác.co*
par. paio. *páio*
para. per. *per*
parada. fermata. *fermáta*
paraguas. ombrello. *ombrél.lo*
parar. fermare. *fermáre*
pared. muro, parete. *múro, paréte*
pariente. parente. *parénte*
parque. parco. *párco*
parte. parte. *párte*
partido. partito, partita. *partíto, partíta*
pasado. passato, scorso. *passáto, scórso*
pasajero. passeggero. *passedchéro*
pasaporte. passaporto. *passapórto*
paseo. passeggiata. *passedcháta*
pasillo. corridoio. *corridóio*
paso. passo, passaggio. *pásso, passádcho*
pastel. pasticcino. *pastidchíno*
pastilla. pastiglia. *pastílla*
patata. patata. *patáta*
patio. cortile. *cortíle*
pato. anatra. *ánatra*
peaje. pedaggio. *pedádcho*
pecho. petto. *pét.to*
pedazo. pezzo. *pétso*
pedir. chiedere. *quiédere*
peinado. acconciatura. *ac.conchatúra*
peine. pettine. *pét.tine*
película. film. *film*

pelígro. pericolo. *perícolo*
peligroso. pericoloso. *pericolóso*
pelo. capelli, pelo. *capél.li, pélo*
peluquería. parrucchería. *parruc.quería*
pensar. pensare. *pensáre*
pensión. pensione. *pensióne*
peor. peggio, peggiore. *pédcho, pedchóre*
pepino. cetriolo. *chetriólo*
pequeño. piccolo. *píc.colo*
pera. pera. *péra*
perder. perdere. *pérdere*
perdón. perdono. *perdóno*
periódico. giornale. *dchornále*
permiso. permesso. *perrmésso*
permitir. permettere. *permét.tere*
pero. ma. *ma*
perro. cane. *cáne*
persona. persona. *persóna*
pesado. pesante. *pesánte*
pescado. pesce. *péshe*
peso. peso. *péso*
pie. piede. *piéde*
piedra. pietra. *piétra*
piel. pelle. *pél.le*
pierna. gamba. *gámba*
pieza. pezzo. *pétso*
pila. pila. *píla*
pimienta. pepe. *pépe*
pimiento. peperone. *peperóne*
pinchazo. puntura. *puntúra*
pintura. pittura. *pit.túra*
piña. ananas. *ánanas*
piscina. piscina. *pishína*
piso. appartamento. *ap.partaménto*
planchar. stirare. *stiráre*
plano. piano, piatto. *piáno, piát.to*
planta. pianta, piano. *piánta, piáno*
plata. argento. *ardchénto*
plátano. banana. *banána*
plato. piatto. *piát.to*
playa. spiaggia. *spiádcha*
plaza. piazza. *piátsa*
plomo. piombo. *piómbo*
pobre. povero. *póvero*
poco. poco, po'. *póco, pó*
poder. potere. *potére*
policía. polizia, poliziotto. *politsía, politsiót.to*
pollo. pollo. *pól.lo*
poner. mettere. *mét.tere*
poquito. pochino. *poquíno*
por. per. *per*
porque. perché. *perqué*

por qué. perché. *perqué*
postal. cartolina postale. *cartolína postále*
postre. dessert. *desért*
precio. prezzo. *prétso*
pregunta. domanda. *dománda*
preguntar. domandare, chiedere. *domandáre, quiédere*
prensa. stampa. *stámpa*
preparar. preparare. *preparáre*
presentar. presentare. *presentáre*
primavera. primavera. *primavéra*
primero. primo. *prímo*
primo/a. cugino/a. *cudchíno/a*
principio. principio. *princhípio*
prisa. fretta. *frét.ta*
problema. problema. *probléma*
prohibido. vietato, proibito. *vietáto, proibíto*
pronto. presto. *présto*
propina. mancia. *máncha*
propio. proprio. *próprio*
propósito. proposito. *propósito*
próximo. prossimo, vicino. *próssimo, vichíno*
pueblo. paese, popolo. *paése, pópolo*
puente. ponte. *pónte*
puerta. porta. *pórta*
puerto. porto. *pórto*
pulmón. polmone. *polmóne*
punto. punto. *púnto*
puro. puro, sigaro. *púro, sígaro*

que. che. *que*
qué. che. *qué*
quedarse. rimanere, restare. *rimanére, restáre*
queja. lamentela. *lamentéla*
quemadura. bruciatura. *bruchatúra*
querer. volere. *volére*
queso. formaggio. *formádcho*
quien. chi. *qui*
quince. quindici. *cuíndichi*
quinientos. cinquecento. *chincuechénto*
quinto. quinto. *cuínto*
quiosco. edicola. *edícola*
quizá(s). forse. *fórse*

ramo. mazzo. *mátso*
rápido. veloce. *velóche*
rato. momento. *moménto*
razón. ragione. *radchóne*
rebajas. saldi. *sáldi*
receta. ricetta. *richét.ta*
recibir. ricevere. *richévere*
reclamar. reclamare. *reclamáre*
recoger. raccogliere. *rac.cóllere*
recomendar. consigliare. *consilláre*
recordar. ricordare. *ricordáre*
recto. retto. *rét.to*
recuerdo. ricordo. *ricórdo*
redondo. rotondo. *rotóndo*
refresco. bibita. *bíbita*
regalo. regalo. *regálo*
reloj. orologio. *orolódcho*
relleno. ripieno. *ripiéno*
remitente. mittente. *mit.ténte*
reparar. riparare, aggiustare. *ripararáre, adchustáre*
repente(de...). all'improvviso. *al.limprov.víso*
repetir. ripetere. *ripétere*
repuesto. ricambio. *ricámbio*
reservar. prenotare. *prenotáre*
resfriado. raffreddore. *raffred.dóre*
respuesta. risposta. *rispósta*
restaurante. ristorante. *ristoránte*
retraso. ritardo. *ritárdo*
revista. rivista. *rivísta*
rico. ricco. *ríc.co*
riñón. rene, rognone. *réne, roñóne*
río. fiume. *fiúme*
robar. rubare. *rubáre*
rodilla. ginocchio. *dchinóc.quio*
rojo. rosso. *rósso*
ropa. vestiti, abbigliamento. *vestíti, ab.billaménto*
roto. rotto. *rót.to*
rubio. biondo. *bióndo*
rueda. ruota. *ruóta*
ruido. rumore. *rumóre*
ruta. rotta. *rót.ta*

sábado. sabato. *sábato*
sábana. lenzuolo. *lentsuóla*
saber. sapere. *sapére*
sabor. sapore. *sapóre*
sal. sale. *sále*
sala. sala. *sála*
salado. salato. *saláto*
salchicha. salsiccia. *salsídcha*

salida. uscita. *ushíta*
salir. uscire. *ushíre*
salón. salone, salotto. *salóne, salót.to*
salsa. salsa, sugo. *sálsa, súgo*
salud. salute. *salúte*
saludo. saluto. *salúto*
sangre. sangue. *sángüe*
se. si. *si*
seco. secco, asciutto. *séc.co, ashút.to*
sed. sete. *séte*
seda. seta. *séta*
seguida (en...). subito. *súbito*
seguir. seguire. *següíre*
según. secondo. *secóndo*
seguro. sicuro, assicurazione. *sicúro, assicuratsióne*
seis. sei. *séi*
sello. francobollo. *francoból.lo*
semáforo. semaforo. *semáforo*
semana. settimana. *set.timána*
sencillo. semplice. *sémpliche*
sentarse. sedere. *sedére*
señal. segnale. *señále*
señor. signore. *siñóre*
septiembre. settembre. *set.témbre*
séptimo. settimo. *sét.timo*
ser. essere. *éssere*
servicio. servizio, bagno. *servítsio, báño*
servilleta. tovagliolo. *tovallólo*
servir. servire. *servíre*
sexto. sesto. *sésto*
si. se. *se*
sí. sí. *si*
siempre. sempre. *sémpre*
siete. sette. *sét.te*
siglo. secolo. *sécolo*
significado. significato. *siñificáto*
significar. significare. *siñificáre*
siguiente. seguente. *següénte*
silla. sedia. *sédia*
simpático. simpatico. *simpático*
sin. senza. *séntsa*
sitio. posto. *pósto*
sobre. su, busta. *su, bústa*
sobrino/a. nipote. *nipóte*
socorro. aiuto. *aiúto*
sol. sole. *sóle*
solamente. solamente, soltanto. *solaménte, soltánto*

solo. solo. *sólo*
solomillo. filetto. *filét.to*
soltero/a. celibe/nubile. *chélibe/núbile*
sombra. ombra. *ómbra*
sombrero. cappello. *cap.pél.lo*
soso. insipido. *insípido*
sopa. minestra. *minéstra*
su. il suo/la sua. *il súo/la súa*
suave. soave, morbido. *soáve, mórbido*
subir. salire. *salíre*
suceso. avvenimento, fatto. *av.veniménto, fát.to*
sucio. sporco. *spórco*
suelo. pavimento, terra. *paviménto, térra*
suerte. fortuna. *fortúna*
sur. sud. *sud*
suyo. suo. *súo*

tabaco. tabacco, sigarette. *tabác.co, sigarét.te*
tal. tale. *tále*
talla. taglia. *tálla*
taller. officina. *offichína*
tamaño. grandezza. *grandétsa*
también. anche. *ánque*
tampoco. neanche, nemmeno. *neánche, nemméno*
tan(to). così, tanto. *cosí, tánto*
taquilla. biglietteria. *billet.tería*
tarde. tardi, sera. *tárdi, séra*
tarifa. tariffa. *taríffa*
tarjeta. biglietto, carta. *billét.to, cárta*
tarta. torta. *tórta*
taza. tazza. *tátsa*
te. ti. *ti*
té. té. *te*
teatro. teatro. *teátro*
techo. soffitto. *soffít.to*
teléfono. telefono. *teléfono*
temperatura. temperatura. *temperatúra*
temprano. presto. *présto*
tenedor. forchetta. *forquét.ta*
tener. avere. *avére*
tercero. terzo. *tértso*
terminar. finire. *finíre*
ternera. vitella. *vitél.la*
terraza. terrazza. *terrátsa*
ti. te. *te*
tiempo. tempo. *témpo*
tienda. negozio, tenda. *negótsio, ténda*
tierra. terra. *térra*
tijeras. forbici. *fórbici*
tinto. vino rosso. *víno rósso*

tío/a. zio/a. *tsío/a*
típico. tipico. *típico*
tirar. tirare, buttare via. *tiráre, but.táre vía*
toalla. asciugamano. *ashugamáno*
tobillo. calcagno. *calcáño*
tocar. toccare, suonare. *toc.cáre, suonáre*
todavía. ancora. *ancóra*
todo. tutto. *tút.to*
tomar. prendere. *préndere*
tomate. pomodoro. *pomodóro*
toro. toro. *tóro*
torre. torre. *tórre*
tortilla. omeletta, frittata. *omelét.ta, frit.táta*
tos. tosse. *tósse*
tostada. pane tostato. *páne tostáto*
trabajar. lavorare. *lavoráre*
traer. portare. *portáre*
traducir. tradurre. *tradúrre*
traje. abito, vestito. *ábito, vestíto*
tranquilo. tranquillo. *trancuíl.lo*
tratar. tentare. *tentáre*
travesía. traversata. *traversáta*
trece. tredici. *trédichi*
treinta. trenta. *trénta*
tren. treno. *tréno*
tres. tre. *tre*
trozo. pezzo. *pétso*
trucha. trota. *tróta*
trueno. tuono. *tuóno*
tu. il tuo/la tua. *il túo/la túa*
tú. tu. *tu*
turismo. turismo. *turísmo*
turista. turista. *turísta*
tuyo. tuo. *túo*

último. ultimo. *último*
un/una. un, uno/una, un'. *un, úno/úna, un*
único. unico. *único*
urgente. urgente. *urdchénte*
usted/es. Lei/Loro. *léi/lóro*
útil. utile. *útile*
uva. uva. *úva*

vaca. mucca. *múc.ca*
vacaciones. vacanza. *vacántsa*
vacío. vuoto. *vuóto*
vagón. carrozza. *carrótsa*
valer. valere, costare. *valére, costáre*
valle. valle. *vál.le*
vaqueros. jeans. *dchins*
varios. alcuni. *alcúni*
vaso. bicchiere. *bic.quiére*

veinte. venti. *vénti*
vela. vela, candela. *véla, candéla*
velocidad. velocità. *velochitá*
vender. vendere. *véndere*
venir. venire. *veníre*
venta. vendita. *véndita*
ventana. finestra. *finéstra*
ventanilla. sportello, finestrino. *sportél.lo, finestríno*
ver. vedere. *vedére*
verano. estate. *estáte*
verdad. verità. *veritá*
verde. verde. *vérde*
verdura. verdura. *verdúra*
vestido. vestito. *vestíto*
vez. volta. *vólta*
vía. via, binario. *vía, binário*
viajar. viaggiare. *viadcháre*
viaje. viaggio. *viádcho.*
vida. vita. *víta*
viejo. vecchio. *véc.quio*
viento. vento. *vénto*
viernes. venerdì. *venerdí*
vinagre. aceto. *achéto*
vino. vino. *víno*
visado. visto. *vísto*
visita. visita. *vísita*
visitar. visitare. *visitáre*
vista. vista. *vísta*
vivir. vivere. *vívere*
volante. volante. *volánte*
volar. volare. *voláre*
volver. tornare. *tornáre*
vosotros. voi. *vói*
voz. voce. *vóche*
vuelo. volo. *vólo*
vuelta. giro. *dchíro*
vuestro. il vostro/la vostra. *il vóstro/la vóstra*

y. e. *e*
ya. già. *dcha*
yate. yacht. *iót*
yo. io. *ío*

zanahoria. carota. *caróta*
zapatería. negozio di scarpe. *negótsio di scárpe*
zapato. scarpa. *scárpa*
zumo. succo, spremuta. *súc.co, spremúta.*

ITALIANO-ESPAÑOL

a. *a.* a
a buon mercato. *a buón mercáto.* barato
abbastanza. *ab.bastántsa.* bastante
abbronzato. *ab.brontsáto.* moreno
abito. *ábito.* traje
acceleratore. *ac.chelera-tóre.* acelerador
accendino. *ac.chendíno.* encendedor
accettare. *ac.chét.tare.* aceptar
acconciatura. *ac.concha-túra.* peinado
aceto. *achéto.* vinagre
acqua. *ác.cua.* agua
adesso. *adésso.* ahora
aereo. *aéreo.* avión
affare. *af.fáre.* negocio
affittare. *affit.táre.* alquilar
agenzia. *adchentsía.* agencia
aggiustare. *adchustáre.* ajustar
aglio. *állo.* ajo
agnello. *añél.lo.* cordero
agosto. *agósto.* agosto
agro. *ágro.* agrio
aiutare. *aiutáre.* ayudar
aiuto. *aiúto.* ayuda
albergo. *albérgo.* hotel
albero. *álbero.* árbol
alcuni/e. *alcúni/e.* algunos/as
alto. *álto.* alto
all'improvviso. *al.limpro-v.víso.* de repente
alloggio. *al.lódcho.* alojamiento
allora. *al.lóra.* entonces
amaro. *amáro.* amargo
ambasciata. *ambasháta.* embajada
ambulanza. *ambulántsa.* ambulancia
amico. *amíco.*amigo
ananas. *ánanas.* piña
anatra. *ánatra.* pato
ancora. *ancóra.* todavía
anche se. *ánque se.* aunque
anche. *ánque.* también, incluso
andare. *andáre.* ir
angolo. *ángolo.* esquina
anno. *án.no.* año
annuncio. *an.núncho.* anuncio
aperto. *apérto.* abierto
appartamento. *ap.parta-ménto.* apartamento
appuntamento. *ap.punta-ménto.* cita

aprile. *apríle.* abril
aprire. *apríre.* abril
arancia. *aráncha.* naranja
arancione. *aranchóne.* naranja
argento. *ardchénto.* plata
aria. *ária.* aire
arnese. *arnése.* herramienta
arrivare. *arriváre.* llegar
arrivo. *arrívo.* llegada
arrosto. *arrósto.* asado
artigianato. *artidchanáto.* artesanía
ascensore. *ashensóre.* ascensor
asciugamano. *ashugamáno.* toalla
asciutto. *ashút.to.* seco
ascoltare. *ascoltáre.* escuchar
aspettare. *aspet.táre.* esperar
assegno. *asséño.* cheque
assicurazione. *assicuratsióne.* seguro
attenzione. *at.tentsióne.* atención, cuidado
atterrare. *at.terráre.* aterrizar
autobus. *áutobus.* autobús
autorimessa. *autoriméssa.* garage
autostrada. *autostráda.* autopista
autunno. *autún.no.* otoño
avanti. *avánti.* adelante
avere bisogno. *avére bisóño.* necesitar
avere. *avére.* tener
avviso. *av.víso.* aviso
azzurro. *atsúrro.* azul

baccalà. *bac.calá.* bacalao
bagaglio. *bagállo.* equipaje
bagno. *báño.* baño
bambino. *bambíno.* niño
banana. *banána.* plátano
banca. *bánca.* banco
banco. *bánco.* banco
barba. *bárba.* barba
basso. *básso.* bajo
bello. *bél.lo.* bonito, guapo
bene. *béne.* bien
benvenuto. *benvenúto.* bienvenido
benzina. *bentsína.* gasolina
bere. *bére.* beber
bianco. *biánco.* blanco
bibita. *bíbita.* refresco
biblioteca. *bibliotéca.* biblioteca
bicchiere. *bic.quiére.* vaso
bicicletta. *bichiclét.ta.* bicicleta
biglietteria. *billet.tería.* taquilla

biglietto. *billét.to.* billete, tícket
binario. *binário.* vía, andén
biondo. *bióndo.* rubio
birra. *bírra.* cerveza
biscotto. *biscót.to.* galleta
bistecca. *bistéc.ca.* chuleta
bocca. *bóc.ca.* boca
borsetta. *borsét.ta.* bolsa
bottiglia. *bot.tílla.* botella
braccio. *brác.cho.* brazo
bruciatura. *bruchatúra.* quemadura
bruno. *brúno.* moreno
brutto. *brút.to.* feo
budino. *budíno.* flan
buono. *buóno.* bueno
burro. *búrro.* mantequilla
buttare via. *but.táre vía.* tirar

caffè. *caffé.* café
caffetteria. *caffet.tería.* cafetería
calcagno. *calcáño.* tobillo
caldo. *cáldo.* caliente, calor
calmante. *calmánte.* calmante
cambiare. *cambiáre.* cambiar
cambio. *cámbio.* cambio
camera da letto. *cámera da lét.to.* habitación
cameriere. *cameriére.* camarero
camicia. *camícha.* camisa
camminare. *cam.mináre.* caminar
cammino. *cam.míno.* camino
campagna. *campáña.* campo
candela. *candéla.* vela
cane. *cáne.* perro
capelli. *capél.li.* pelo, cabello
capire. *capíre.* comprender
capo. *cápo.* jefe
capogiri. *capodchíri.* mareos
cappello. *cap.pél.lo.* sombrero
cappotto. *cap.pót.to.* abrigo
carne. *cárne.* carne
caro. *cáro.* caro, querido
carota. *caróta.* zanahoria
carrozza. *carrótsa.* vagón
cartina stradale. *cárta stradále.* mapa de carreteras
carta. *cárta.* papel, carta
cartolina postale. *cartolína postále.* postal
cassa. *cássa.* caja
cassetta postale. *cassét.ta postále.* buzón

castello. *castél.lo.* castillo
cattedrale. *cat.tedrále.* catedral
cattivo. *cat.tívo.* malo
cavallo. *cavál.lo.* caballo
cavolfiore. *cavolfióre.* coliflor
cavolo. *cávolo.* col
celibe. *chélibe.* soltero
cena. *chéna.* cena
cento. *chénto.* cien
centro. *chéntro.* centro
cercare. *chercáre.* buscar, tratar
cerino. *cheríno.* cerilla
cetriolo. *chetriólo.* pepino
ci. *chi.* nos
ciao. *cháo.* hola. adiós
cibo. *chíbo.* comida
cielo. *chélo.* cielo
ciliegia. *chiliédcha.* cereza
cinema. *chínema.* cine
cinque. *chíncue.* cinco
cinquecento. *chincuechénto.* quinientos
cintura. *chintúra.* cinturón
cioccolato. *choc.coláto.* chocolate
cipolla. *chipól.la.* cebolla
città. *chit.tá.* ciudad
classe. *clásse.* clase
cliente. *cliénte.* cliente
clima. *clíma.* clima
cognome. *coñóme.* apellido
colore. *colóre.* color
coltello. *coltél.lo.* cuchillo
collo. *cól.lo.* cuello
comandare. *comandáre.* mandar
come. *cóme.* como
cominciare. *comincháre.* comenzar
commissariato. *com.missariáto.* comisaría
comprare. *compráre.* comprar
comune. *comúne.* común, ayuntamiento
con me. *con me.* conmigo
con te. *con te.* contigo
con. *con.* con
conoscere. *conóshere.* conocer
consigliare. *consilláre.* aconsejar
consiglio. *consíllo.* consejo
consolato. *consoláto.* consulado
consultazione. *consultatsióne.* consulta
contento. *conténto.* contento
conto. *cónto.* cuenta
contro. *cóntro.* contra
coperta. *copérta.* manta, cubierta
corpo. *córpo.* cuerpo

corridoio. *corridóio.* pasillo
cortile. *cortíle.* patio
corto. *córto.* corto
cosa. *cósa.* cosa
così. *cosí. a*sí, tan
costa. *costa.* costa
costare. *costáre.* costar
costume da bagno. *costúme da baño.* bañador
cotone. *cotóne.* algodón
cotto. *cót.to.* cocido
cravatta. *cravát.ta.* corbata
cristallo. *cristál.lo.* cristal
crudo. *crúdo.* crudo
cuccetta. *cuc.chét.ta.* litera
cucchiaio. *cuc.quiáio.* cuchara
cucina. *cuchína.* cocina
cugino/a. *cudchíno/a.* primo/a
cuore. *cuóre.* corazón
curva. *cúrva.* curva
cuscino. *cushíno.* cojín
che. *que.* que, qué
chi. *qui.* quien, quién
chiamare. *quiamáre.* llamar
chiaro. *quiáro.* claro
chiave. *quiáve.* llave
chiedere. *quiédere.* pedir, preguntar
chiesa. *chiésa.* iglesia
chilometro. *kilómetro.* kilómetro
chiudere. *quiúdere.* cerrar
chiuso. *quiúso.* cerrado

d'accordo. *dac.córdo.* de acuerdo
da. *da.*desde, de, por, que
danno. *dánno.* daño
dare. *dáre.* dar
data. *dáta.* fecha
dato. *dáto.* dato
davanti. *davánti.* delante
denaro. *denáro.* dinero
dente. *dénte.* diente, muela
dentro. *déntro.* dentro
deposito bagagli. *depósito bagálli.* consigna
desiderare. *desideráre.* desear
dessert. *desért.* postre
di fronte. *di frónte.* en frente
di. *di.* de
dicembre. *dichémbre.* diciembre
dieci. *diechi.* diez
dietro. *diétro.* detrás
difficile. *diffíchile.* difícil
dimenticare. *dimenticáre.* olvidar
dire. *díre.* decir
diretto. *dirét.to.* directo
direzione. *diretsióne.* dirección

disegno. *diséño.*dibujo
distributore. *distributóre.* gasolinera
disturbare. *disturbáre.* molestar
dito. *díto.*dedo
ditta. *dít.ta.* empresa
dizionario. *ditsionário.* diccionario
doccia. *dódcha.* ducha
dogana. *dogána.* aduana
dolce. *dólche.* dulce
dolore. *dolóre.* dolor
domanda. *dománda.* pregunta
domandare. *domandáre.* preguntar
domani. *dománi.* mañana
domenica. *doménica.* domingo
donna. *dón.na.* mujer
dopo. *dópo.* después
doppio. *dóp.pio.* doble
dormire. *dormíre.* dormir
dove. *dóve.* donde
dovere. *dovére.* deber
dritto. *drít.to.* derecho
due. *dúe.* dos
duomo. *duómo.* catedral
durare. *duráre.* durar
duro. *dúro.* duro

e. *e.* y
edicola. *edícola.* quiosco
esempio (per...). *esémpio (per...).* por ejemplo
essere. *éssere.* ser, estar
Est. *est.* Este
estate. *estáte.* verano
estero. *éstero.* extranjero
età. *etá.* edad

fabbrica. *fáb.brica.* fábrica
faccia. *fác.cha.* cara
facile. *fáchile.* fácil
fame. *fáme.* hambre
famiglia. *famílla.* familia
fare il bagno. *fáre il báño.* bañarse
fare. *fáre.* hacer
farina. *farína.* harina
farmacia. *farmacía.* farmacia
farsi la barba. *fársi la bárba.* afeitarse
fatto. *fát.to.* hecho
fattura. *fat.túra.* factura
favore (per...). *favóre (per...).* por favor
fazzoletto. *fatsolét.to.* pañuelo
febbraio. *feb.bráio.* febrero
febbre. *féb.bre.* fiebre
fegato. *fégato.* hígado
felice. *felíche.* feliz
ferito. *feríto.* herido
fermare. *fermáre.* parar
fermata. *fermáta.* parada

ferro. *férro.* hierro
festa. *fésta.* fiesta
figlio/a. *fillo.* hijo
fila. *fila.* fila
filetto. *filét.to.* solomillo
film. *film.* película
finestra. *finéstra.* ventana
finestrino. *finestríno.* ventanilla
finire. *finíre.* acabar
fino a. *fino a.* hasta
fiore. *fióre.* flor
firmare. *firmáre.* firmar
fiume. *fiúme.* rio
fontana. *fontána.* fuente
forbici. *fórbici.* tijerasr
forchetta. *forquét.ta.* tenedor
formaggio. *formádcho.* queso
forse. *fórse.* quizás
forte. *fórte.* fuerte
fortuna. *fortúna.* suerte
foto. *fóto.* foto
fra. *fra.* entre, dentro de
fragola. *frágola.* fresa
franco. *fránco.* franco
francobollo. *francoból.lo.* sello
fratello. *fratél.lo.* hermano
freddo. *fréd.do.* frío
fresco. *frésco.* fresco
fretta. *frét.ta.* prisa
frigorifero. *frigorífero.* frigorífico
frittata. *frit.táta.* tortilla
fritto. *frít.to.* frito
frontiera. *frontiéra.* frontera
frutta. *frút.ta.* fruta
frutti di mare. *frút.ti di máre.* marisco
fumare. *fumáre.* fumar
funzione. *funtsióne.* función
fuoco. *fuóco.* fuego
fuori. *fuóri.* fuera

gallina. *gal.lína.* gallina
gamba. *gámba.* pierna
gatto. *gát.to.* gato
gelato. *dcheláto.* helado
genitori. *dchenitóri.* padres
gennaio. *dchen.náio.* enero
gente. *dchénte.* gente
gentile. *dchentíle.* amable
ghiaccio. *guiádcho.* hielo
già. *dcha.* ya
giacca. *dchac.ca.* chaqueta
giallo. *dchál.lo.* amarillo
giardino. *dchardíno.* jardín
gilet. *dchilé.* chaleco
gin. *dchín.* ginebra
ginocchio. *dchinóc.quio.* rodilla
giocare. *dchocáre.* jugar

giocattolo. *dchocát.tolo.* juguete
gioco. *dchóco.* juego
gioielleria. *dchoiel.lería.* joyería
gioiello. *dchoiél.lo.* joya
giornale. *dchornále.* periódico
giorno. *dchórno.* día
giovane. *dchóvane.* joven
giovedì. *dchovedí.* jueves
giro. *dchíro.* vuelta
giugno. *dchúño.* junio
gli. *lli.* le, los
gola. *góla.* garganta
gomito. *gómito.* codo
gonna. *gón.na.* falda
grado. *grádo.* grado
gran(de). *grán(de).* gran (de)
grandezza. *grandétsa.* tamaño
gratis. *grátis.* gratis
grazie. *grátsie.* gracias
grigio. *grídcho.* gris
guanti. *guánti.* guantes
guardare. *guardáre.* mirar
guasto. *guásto.* estropeado, avería
guida. *güída.* guía
guidare. *güidáre.* conducir
hostess. *óstes.* azafata

ieri. *iéri.* ayer
il, lo, l'. *il, lo, l'.* el
imparare. *imparáre.* aprender
impermeabile. *impermeábile.* impermeable
impresa. *imprésa.* empresa
in. *in.* en, a
incidente. *inchidénte.* accidente
incluso. *inclúso.* incluido
incrociare. *incrocháre.* cruzar
incrocio. *incrócho.* cruce
indietro. *indiétro.* atrás
indirizzo. *indirítso.* dirección
individuale. *individuále.* individual
influenza. *influentsa.* gripe, influencia
informazione. *informatsióne.* información
inglese. *inglése.* inglés
ingresso. *ingrésso.* entrada
insalata. *insaláta.* ensalada
insieme. *insiéme.* juntos
insipido. *insípido.* soso
interessante. *interessánte.* interesante
intero. *intéro.* entero
interprete. *intérprete.* intérprete
intorno. *intórno.* entorno
inverno. *invérno.* invierno

inviare. *inviare.* enviar
invitare. *invitáre.* intitar
io. *ío.* yo
isola. *ísola.* isla
jeans. *dchins.* vaqueros

la. l'. *la, l'.* la
labbro. *láb.bro.* labio
lago. *lágo.* lago
lamentela. *lamentéla.* queja
lampada. *lámpada.* lámpara
lana. *lána.* lana
largo. *lárgo.* ancho
lasciare. *lasháre.* dejar
lato. *láto.* lado
latte. *lát.te.* leche
lattina. *lat.tína.* lata
lattuga. *lat.túga.* lechuga
lavanderia. *lavandería.* lavandería
lavare. *laváre.* lavar
lavorare. *lavoráre.* trabajar
lavoro. *lavóro.* trabajo
le. *le.* le, las
legge. *lédche.* leche
leggere. *lédchere.* leer
leggero. *ledchéro.* ligero
legno. *léño.* madera
lei. *léi.* ella
Lei/Loro. *léi/lóro.* usted/es
lento. *lénto.* lento
lenzuolo. *lentsuóla.* sábana
lettera. *lét.tera.* carta
letto. *lét.to.* cama
lì. *li.* allí
libero. *líbero.* libre
libreria. *librería.* librería
libro. *líbro.* libro
limone. *limóne.* limón
linea. *línea.* línea
lingua. *língua.* lengua
liquore. *licuóre.* licor
lo. *lo.* lo
lontano. *lontáno.* lejos
luce. *lúche.* luz
luglio. *lúllo.* julio
lui. *lúi.*él
luna. *lúna.* luna
lungo. *lúngo.* largo
lusso. *lússo.* lujo

ma. *ma.* pero, sino
macchina. *mác.quina.* coche, máquina
macelleria. *machel.lería.* carnicería
madre. *mádre.* madre
maggio. *mádcho.* mayo
maggiore. *madchóre.* mayor
maglione. *maglióne.* jersey
mai. *mái.* nunca
maiale. *maiále.* cerdo
mais. *máis.* maíz
malato. *maláto.* enfermo

malattia. *malat.tía.* enfermedad
male. *mále.* mal
mancia. *máncha.* propina
mandare. *mandáre.* mandar
mangiare. *mandcháre.* comer
manica. *mánica.* manga
maniera. *maniéra.* manera
mano. *máno.* mano
marciapiede. *marchapiéde.* acera
mare. *máre.* mar
marito. *maríto.* marido
marmellata. *marmel.láta.* mermelada
marrone. *marróne.*marrón
martedì. *martedí.* martes
marzo. *mártso.* marzo
materasso. *materásso.* colchón
matita. *matíta.* lápiz
mattina. *mat.tína.* mañana
mazzo. *mátso.* ramo
me. *me.* mí
medicina. *medichína.* medicina
medico. *médico.* médico
meglio. *méllo.* mejor
mela. *méla.* manzana
melone. *melóne.* melón
meno. *méno.* menos
mentre. *méntre.* mientras
mercato. *mercáto.* mercado
mercoledì. *mercoledí.* miércoles
merluzzo. *merlútso.* merluza
mescolanza. *mescolántsa.* mezcla
mese. *mése.* mes
messaggio. *messádcho.* mensaje
metà. *metá.* mitad
metro. *métro.* metro
mettere. *mét.tere.* meter, poner
mezzo. *métso.* medio
mi. *mi.* me
miele. *miéle.* miel
mila. *míla.* mil
milióne. *milióne.* millón
mille. *míl.le.* mil
minestra. *minéstra.* sopa
minore. *minóre.* menor
minuto. *minúto.* minuto
mio. *mío.* mío
misto. *místo.* mixto
misura. *misúra.* medida
mittente. *mit.ténte.* remitente
mobile. *móbile.* mueble, móvil
molo. *mólo.* muelle
molto. *mólto.* mucho, muy

mondo. *móndo.* mundo
moneta. *monéta.* moneda
montagna. *montáña.* montaña
morbido. *mórbido.* suave, blando
morire. *moríre.* morir
mostra. *móstra.* exposición
mostrare. *mostráre.* enseñar
mucca. *múc.ca.* vaca
multa. *múlta.* multa
muro. *múro.* muro, pared

nascere. *náshere.* nacer
nascita. *náshita.* nacimiento
naso. *náso.* nariz
nave. *náve.* barco
né. *né.* ni
neanche. *neánche.* tampoco, ni siquiera
nebbia. *néb.bia.* niebla
negozio di scarpe. *negótsio di scárpe.* zapatería
negozio. *negótsio.* tienda
nemmeno. *nem.méno.*tampoco, ni siquiera
nero. *néro.* negro
nessun. *nessún.* ningún
nessuno. *nessúno.* ninguno
neve. *néve.* nieve
nevicare. *nevicáre.* nevar
niente. *niénte.* nada
nipote. *nipóte.* sobrino
no. *no.* no
noi. *nói.* nosotros
nome. *nóme.* nombre
nono. *nóno.* noveno
nord. *nord.* norte
nostro. *nóstro.* nuestro
notizia. *notítsia.* noticia
notte. *nót.te.* noche
nove. *nóve.* nueve
novembre. *novémbre.* noviembre
nubile. *núbile.* soltera
nulla. *núl.la.* nada
numero. *número.* número
nuotare. *nuotáre.* nadar
nuovo. *nuóvo.* nuevo
nuvola. *núvola.* nube

occasione. *oc.casióne.* ocasión
occupato. *oc.cupáto.* ocupado
occhiali. *oc.quiáli.* gafas
occhio. *óc.quio.* ojo
odore. *odóre.* olor
officina. *offichína.* taller
offríre. *offríre.* ofrecer
oggi. *ódchi.* hoy
ogni. *óñi.* cada
olio. *ólio.* aceite
oliva. *olíva.* aceituna
ombra. *ómbra.* sombra

ombrello. *ombrél.lo.* paraguas
onda. *ónda.* ola, onda
opera. *ópera.* ópera, obra
opuscolo. *opúscolo.* folleto
ora. *óra.* hora, ahora
orchestra. *orquéstra.* orquesta
orecchio. *oréc.quio.* oreja
orologio. *orolódcho.* reloj
ospedale. *ospedále.* hospital
osso. *ósso.* hueso
ostello. *ostél.lo.* albergue
ottica. *ót.tica.* óptica
otto. *ót.to.* ocho
ottobre. *ot.tóbre.* octubre
ovest. *óvest.* oeste
ozio. *ótsio.* ocio

pacco. *pác.co.* paquete
padre. *pádre.* padre
padrone. *padróne.* amo, dueño
paesaggio. *paesádcho.* paisaje
paese. *paése.* país, pueblo
pagare. *pagáre.* pagar
pagina. *pádchina.* página
paio. *páio.* par
palazzo. *palátso.* palacio, edificio
pane tostato. *páne tostáto.* tostada
pane. *páne.* pan
panetteria. *panet.tería.* panadería
panna. *pán.na.* nata
pantaloni. *pantalóni.* pantalones
parco. *párco.* parque
parcheggiare. *parquedcháre.* aparcar
parcheggio. *parquédcho.* aparcamiento
parente. *parénte.* pariente
parete. *paréte.* pared
parlare. *parláre.* hablar
parola. *paróla.* palabra
parruccheria. *parruc. quería.* peluquería
parte. *párte.* parte
partita. *partíta.* partido/a
partito. *partíto.* partido
passaporto. *passapórto.* pasaporte
passato. *passáto.* pasado
passeggero. *passedchéro.* pasajero
passeggiata. *passedcháta.* paseo
passo *pásso.* paso
pasticcino. *pastidchíno.* pastel
pastiglia. *pastílla.* pastilla
pasto. *pásto.* comida
pavimento. *paviménto.* suelo

pedaggio. *pedádcho.* peaje
peggio. *pédcho.* peor
peggiore. *pedchóre.* peor
pelle. *pél.le.* piel
pensare. *pensáre.* pensar
pensione. *pensióne.* pensión
pepe. *pépe.* pimienta
peperone. *peperóne.* pimiento
per. *per.* por, para
pera. *péra.* pera
perché. *perqué.* por qué/ porque
perdere. *pérdere.*perder
perdono. *perdóno.* perdón
pericolo. *perícolo.* peligro
pericoloso. *pericolóso.* peligroso
permesso. *perméssso.* permiso
permettere. *permét.tere.* permitir
persona. *persóna.* persona
pesante. *pesánte.* pesado
pesca. *pésca.* pesca, melocotón
pesce. *péshe.* pez, pescado
peso. *péso.* peso
pettine. *pét.tine.* peine
petto. *pét.to.* pecho, pechuga
pezzo. *pétso.* pedazo
piacere. *piachére.* gustar, placer, encantado
piacevole. *piachévole.* agradable
piano. *piáno.* planta, piano, bajo
piantina. *piantína.* plano
piatto. *piát.to.* plato
piazza. *piátsa.* plaza
piccolo. *píc.colo.* pequeño
piede. *piéde.* pié
pieno. *piéno.* lleno
pietra. *piétra.* piedra
pioggia. *piódcha.* lluvia
piombo. *piómbo.* plomo
piovere. *pióvere.* llover
pisello. *pisél.lo.* guisante
pittura. *pit.túra.* pintura
più. *piú.* más
poco. *póco.* poco
pochino. *poquíno.* poquito
poi. *pói.* después, entonces
polizia. *politsía.* policía
poliziotto. *politsiót.to.* policía
polmone. *polmóne.* pulmón
pomodoro. *pomodóro.* tomate
ponte. *pónte.* puente
popolo. *pópolo.* pueblo
porta. *pórta.* puerta
portacenere. *portachénere.* cenicero

portafoglio. *portafóllo.* cartera
portare. *portáre.* llevar, traer
porto. *pórto.* puerto
Posta. *pósta.* Correos
posto. *pósto.* sitio, lugar
potere. *potére.* poder
povero. *póvero.* pobre
pranzare. *prantsáre.* almorzar
prendere. *préndere.* coger, tomar
prenotare. *prenotáre.* reservar
presentare. *presentáre.* presentar
presto. *présto.* pronto
prezzo. *prétso.* precio
prima colazione. *príma colatsióne.* desayuno
prima. *príma.* antes
primo pomeriggio. *prímo pomerídcho.* mediodía
primo. *prímo.* primero
principio. *princhípio.* principio
pronto. *prónto.* listo, preparado
proprio. *próprio.* propio, muy
prosciutto. *proshút.to.* jamón
prossimo. *próssimo.* próximo
prugna. *prúña.* ciruela
pulito. *pulíto.* limpio
puntura. *puntúra.* picadura

quadrato. *cuadráto.* cuadrado
qualcosa. *cualcósa.* algo
quale. *cuále.* cuál
qualsiasi. *cualsíasi.* cualquier
quando. *cuándo.* cuándo
quanto. *cuánto.* cuánto
quaranta. *cuaránta.* cuarenta
quartiere. *cuartiére.* barrio
quarto. *cuárto.* cuarto
quasi. *cuási.* casi
quattordici. *cuat.tórdichi.* catorce
quattro. *cuát.tro.* cuatro
quel, quello. *cuél, cuél.lo.* ese, eso
questo. *cuésto.* este, esto
qui. *cuí.* aquí
quindici. *cuíndici.* quince
quinto. *cuínto.* quinto
quotazione. *cuotatsióne.* cotización
quotidiano. *cuotidiáno.* cotidiano

raccogliere. *rac.cóllere.* recoger
raccontare. *rac.contáre.* contar
raffreddore. *raffred.dóre.* resfriado
ragazzo/a. *ragátso/a.* chico
ragione. *radchóne.* razón
reclamare. *reclamáre.* reclamar
rene. *réne.* riñón
restare. *restáre.* quedarse
retto. *rét.to.* recto
ricambio. *ricámbio.* recambio
ricco. *ríc.co.* rico
ricetta. *richét.ta.* receta
ricevere. *richévere.* recibir
ricordare. *ricordáre.* recordar
ricordo. *ricórdo.* recuerdo
riempire. *riempíre.* llenar, rellenar
rimanere. *rimanére.* quedarse
riparare. *riparáre.* arreglar
ripetere. *ripétere.* repetir
ripieno. *ripiéno.* relleno
riscuotere. *riscuótere.* cobrar
riso. *ríso.* arroz
risposta. *rispósta.* respuesta
ristorante. *ristoránte.* restaurante
ritardo. *ritárdo.* retraso
rivista. *rivísta.* revista
rosso. *rósso.* rojo, tinto
rotondo. *rotóndo.* redondo
rotta. *rót.ta.* ruta
rotto. *rót.to.* roto
rubare. *rubáre.* robar
rubinetto. *rubinét.to.* grifo
rumore. *rumóre.* ruido
ruota. *ruóta.* rueda

sabato. *sábato.* sábado
sabbia. *sab.bia.* arena
sala da pranzo. *sála da prántso.* comedor
salato. *saláto.* salado
saldi. *sáldi.* rebajas
sale. *sále.* sal
salire. *salíre.* subir
salone. *salóne.* salón
salotto. *salót.to.* salón
salsiccia. *salsídcha.* salchicha
salute. *salúte.* salud
saluto. *salúte.* saludo
sangue. *sángüe.* sangre
sapere. *sapére.* saber
sapone. *sapóne.* jabón
sapore. *sapóre.* sabor
scala. *scála.* escalera
scarpa. *scárpa.* zapato
sciopero. *shópero.* huelga

sconto. *scónto.* descuento
scorso. *scórso.* pasado
scrivere. *scrívere.* escribir
scuola. *scuóla.* escuela
scuro. *scúro.* oscuro
schiena. *squiéna.* espalda
schiuma. *squiúma.* espuma
se. *se.* si
secco. *séc.co.* seco
secolo. *sécolo.* siglo
secondo. *secóndo.* segundo
sedere. *sedére.* sentarse
sedia. *sédia.* silla
segnale. *señále.* señal
seguente. *següénte.* siguiente
seguire. *següíre.* seguir
sei. *séi.* seis
semaforo. *semáforo.* semáforo
semplice. *sémpliche.* simple
sempre. *sémpre.* siempre
senape. *sénape.* mostaza
sentire. *sentíre.* oír, sentir
senza. *séntsa.* sin
sera. *séra.* tarde, noche
servire. *servíre.* servir
servizio. *servítsio.* servicio
sesto. *sésto.* sexto
seta. *séta.* seda
sete. *séte.* sed
sette. *sét.te.* siete
settembre. *set.témbre.* septiembre
settimana. *set.timána.* semana
settimo. *sét.timo.* séptimo
si. *si.* se
sì. *si.* sí
sicuro. *sicúro.* seguro
sigaretta. *sigarét.ta.* cigarrillo
signore. *siñóre.* señor
simpatico. *simpático.* simpático
singolo. *síngolo.* individual
sinistra. *sinístra.* izquierda
soave. *soáve.* suave
soffitto. *soffít.to.* techo
solamente. *solaménte.* solamente
soldi. *sóldi.* dinero
sole. *sóle.* sol
solo. *sólo.* sólo
soltanto. *soltánto.* solo
sopra. *sópra.* sobre, arriba
sorella. *sorél.la.* hermana
sotto. *sót.to.* debajo
spagnolo. *spañólo.* español
spazzola. *spátsola.* cepillo
specchio. *spéc.quio.* espejo
spedire. *spedíre.* mandar
sperare. *speráre.* esperar
spesso. *spésso.* a menudo
spettacolo. *spet.tácolo.* espectáculo, sesión

spiaggia. *spiádcha.* playa
spiegare. *spiegáre.* explicar
spingere. *spíndchere.* empujar
sporco. *spórco.* sucio
sport. *sport.* deporte
sportello. *sportél.lo.* ventanilla, puerta
sposato. *sposáto.* casado
spremuta. *spremúta.* zumo natural
stagione. *stadchóne.* estación del año
stampa. *stámpa.* prensa
stare. *stáre.* estar
stazione. *statsióne.* estación de tren
stella. *stél.la.* estrella
stesso. *stés.so.* mismo
stirare. *stiráre.* planchar
stitichezza. *stitiquétsa.* estreñimiento
stivale. *stivále.* bota
stomaco. *stómaco.* estómago
strada. *stráda.* calle, carretera
straniero. *straniéro.* extranjero
stretto. *strét.to.* estrecho
su. *su.* sobre
subito. *súbito.* en seguida
succo. *súc.co.* zumo
sud. *sud.* sur
sugo. *súgo.* salsa
suo. *súo.* suyo
suonare. *suonáre.* tocar, sonar

tabaccheria. *tabac.quería.* estanco
taglia. *tálla.* talla
tagliare. *talláre.* cortar
tale. *tále.* tal
tanto. *tánto.* tanto
tardi. *tárdi.* tarde
targa. *tárga.* matrícula
tasca. *tásca.* bolsillo
tassa. *tássa.* impuesto
tavolo. *távolo.* mesa
tazza. *tátsa.* taza
te. *te.* tí
té. *te.* te
telefonata. *telefonáta.* llamada
telefono. *teléfono.* teléfono
tempo. *témpo.* tiempo
tenda. *ténda.* tienda de campaña, cortina
tentare. *tentáre.* intentar
terra. *térra.* tierra
terrazza. *terrátsa.* terraza
terzo. *tértso.* tercero
testa. *tésta.* cabeza
ti. *ti.* te
tirare. *tiráre.* tirar
toccare. *toc.cáre.* tocar

tonno. *tón.no.* atún
tornare. *tornáre.* volver
torta. *tórta.* tarta
tosse. *tósse.* tos
tovaglia. *toválla.* mantel
tovagliolo. *tovallólo.* servilleta
tra. *tra.* entre, dentro de
tradurre. *tradúrre.* traducir
tranquillo. *trancuíl.lo.* tranquilo
traversata. *traversáta.* travesía
tre. *tre.* tres
tredici. *trédichi.* trece
treno. *tréno.* tren
trenta. *trénta.* treinta
troppo. *tróp.po.* demasiado
trota. *tróta.* trucha
trovare. *trováre.* encontrar
tu. *tu.* tú
tuo. *túo.* tuyo
tuono. *tuóno.* trueno
turista. *turísta.* turista
tutti e due. *tut.ti e dúe.* ambos
tutto. *tút.to.* todo

uccello. *uc.chél.lo.* pájaro
udito. *udíto.* oído
ufficio. *uffícho.* oficina
uguale. *uguále.* igual
un altro. *unáltro.* otro
un, uno/una, un'. *un, úno/úna, un.* un/una
undici. *úndichi.* once
uomo. *uómo.* hombre
uovo. *uóvo.* huevo
uscire. *ushíre.* salir
uscita. *ushíta.* salida

vacanza. *vacánza.* vacaciones
valigia. *valídcha.* maleta
valuta. *valúta.* divisa
vecchio. *véc.quio.* viejo
vedere. *vedére.* ver
veloce. *velóche.* veloz
velocità. *velochitá.* velocidad
vendere. *véndere.* vender
vendita. *véndita.* venta
venerdì. *venerdí.* viernes
venire. *veníre.* venir
venti. *vénti.* veinte
vento. *vénto.* viento
verdura. *verdúra.* verdura
verità. *veritá.* verdad
verso. *vérso.* hacia, verso
vestiti. *vestíti.* ropa
vestito. *vestíto.* vestido
vetro. *vétro.* cristal, vidrio
vi. *vi.* os
via. *vía.* calle, vía
viaggiare. *viadcháre.* viajar
viaggio. *viádcho.* viaje

vicino. *vichíno.* cerca
vietato. *vietáto.* prohibido
vino rosso. *víno rósso.* vino tinto
visitare. *visitáre.* visitar
vita. *víta.* vida, cintura
vitella. *vitél.la.* ternera
vivere. *vívere.* vivir
voce. *vóche.* voz
voi. *vói.* vosotros
volare. *voláre.* volar
volere. *volére.* querer
volo. *vólo.* vuelo
volta. *vólta.* vez
vuoto. *vuóto.* vacío

yacht. *iót.* yate

zero. *tséro.* cero
zio/a. *tsío/a.* tío/a
zucchero. *tsúc.quero.* azúcar